마가가 만난 이상한 예수님

리더가 알아야 하는 마가복음

kmc

차례

차례

찬란한 영감으로 가득 찬 마가복음

이 책은 마가복음 전체를 본문으로 한 강해설교집입니다. 마가복음 전체를 '강해설교' 형식으로 다룬다는 점에서 이 책이 지니는 장단점은 비교적 뚜렷합니다.

강해설교란 강해와 설교가 합쳐진 말입니다. 성경의 본문을 풀이하는 주석 작업이 강해에 해당한다면, 설교는 신도들에게 직접적으로 말씀을 선포하는 전달 작업이라고 할 수 있습니다. 이때 주석 작업은 본문의 의미를 정확히 파악하기 위해 본문을 최대한 정확하고 세밀하게 분석하는 것을 의미합니다. 그러므로 짧은 성경이라 할지라도 내용의 깊이에 따라 그 성경을 해설한 주석 분량은 상당한 경우가 많습니다.

마가복음이 그렇습니다. 복음서 중 가장 짧지만, 마가복음의 주석서들은 분량이 상당하고 종류도 많습니다. 여기서 강해설교의 어려움이 발생합니다. 강해설교의 본질은 결국 설교이기 때문입니다. 설교는 성경 본문의 모든 사항을 가능한 한 정확하고 자세하게 풀어 설명하는 일이 아니라, 본문 중 핵심을 뽑아 제한된 시간에 구체적이고 특정한 공동체를 대상으로 선포하는 일입니다. 그리고 이때 설교는 청중과 공동체의 상황을 고려해야 하기에 이와 관련한 가장 적절한 요점을 본문에서 선택해 전달해야 합니다. 다시 말해 설교란 선택과 집중이 필요한 영역입니다. 강해설교가 본문 해설과 해석에 치중하는 설교라 해도 이 역시 설교인 만큼 이러한 특징을 간과할 수 없습니다.

따라서 이 책은 강해설교로서 본문을 충실하게 설명하는 동시에 청중의 특정한 신앙 상황을 고려한 메시지 전달을 목적으로 합니다. 본문마다 균일하게 할당된 분량 안에 담으려다 보니 나름 최선의 노력을 기울였음에도 본문의 주석이 부족하다고 느끼거나 메시지가 부족하다고 여기는 일은 피할 수 없을 것입니다.

반면에 이 책을 통해 지금까지와는 다른 관점으로 마가복음 속의 예수님을 만날 수 있을 것입니다. 부끄러움에도 불구하고 이렇게 마가복음 강해설교를 책의 모양으로 갖춰 내는 이유가 바로 이것입니다.

이 책이 누군가의 신앙에 새로운 시선을 선사하고 도전과 위로를 준다면, 새로운 결단의 계기를 마련해 준다면 그보다 더 큰 기쁨은 없을 것입니다.

한 사람의 신약학자로서, 또 한 사람의 목사로서 마가복음의 전체 본문을 학문적으로 분석하고 그 결론을 설교 형태로 옮기는 작업은 쉽지 않았습니다. 결과 역시 미흡한 점이 많습니다. 하지만 글을 쓰는 내내 기쁨도 함께였다는 사실을 고백하고 싶습니다. 이 세상에서 가장 처음으로 기록된 예수님 이야기인 마가복음은 그만큼 빛나고 생동감이 넘치며 영감으로 가득 찬 복음서였기 때문입니다. 그 찬란한 영감이 이 책을 읽는 이들에게도 전해졌으면 좋겠습니다.

마가가 만난
이상한 예수님

PART 1

이상한 끝의 시작

마가복음 1장 1절

마가복음을 이해할 때 가장 먼저 해야 할 일은 마가복음의 범위를 정하는 일입니다. 우리말 성경에서는 마가복음이 16장 20절에서 끝나지만, 원래의 마가복음은 이보다 훨씬 더 짧았기 때문입니다. 이 점은 이미 우리말 성경에도 표시되어 있습니다. 꺾쇠괄호와 함께 시작되는 16장 9절에는 각주로 다음과 같은 설명이 달려 있습니다.

"어떤 사본에는, 9~20절까지 없음."

이 설명을 이해하기 위해서는 먼저 신약성경이 우리에게 전해진 과정을 이해해야 합니다.

유감스럽게도 신약성경은 원 저자의 처음 기록본이 존재하지 않습니다. 원본은 없고 원본을 필사한 사본만 있는 셈인데, 현존하는 무수히 많은 필사본 중 파편으로만 존재하는 가장 오래된 사본조차 그 연대가 2세기가 넘고, 신약성경 전체로 존재하는 사본은 4세기까지 올라갑니다. 더구나 필사본들은 서로 정확하게 일치하지도 않습니다. 그때는 신약성경이 아직 확정되지 않았을 때인지라 필사가들은 자신들이 필사하는 글을 절대로 가감해서는 안 되는 '성경'이라고 생각하기보다 예수님에 대한 사도들의 이야기라 생각하여 때때로 본문을 가감하거나 수정했기 때문입니다.

따라서 지금 우리가 보는 우리말 성경은 많은 학자가 수많은 필사본을 비교 연구한 후에 가장 원문에 가까울 것이라고 제안한 헬라어 원문 텍스트를 번역한 것입니다. 그래서 특별히 필사본의 불일치가 심할 때는 번역본에도 표시했는데, 그것이 바로 16장 9절에 달린 설명입니다. 결론적으로 16장 9~20절은 매우 후기의 필사본들에만 존재하는 단락입니다. 그러니까 원래의 마가복음은 16장 8절에서 끝나는 복음서입니다.

"여자들이 몹시 놀라 떨며 나와 무덤에서 도망하고 무서워하여 아무에게 아무 말도 하지 못하더라."(16:8)

복음서가 이렇게 끝난다니 이상하기 짝이 없습니다. 여기에는 예수님의 부활 이야기도 없고 부활 이후 사도들의 이야기도 전무합니다. 마땅한 기쁨도 없고 불안과 두려움뿐입니다. 그러니 이렇게 끝나서는 안 된다고 생각한 필사가들이 그 후의 이야기를 다른 복음서들에서 끌어와 지금의 결론을 덧붙인 것은 어찌 보면 충분히 이해할 만합니다. 심지어 몇몇 학자들은 16장 8절 이후는 소실된 것이라고 주장하기도 합니다. 그러나 과연 그럴까요? 결론적으로 말하자면 그렇지 않습니다. 지금부터 마가의 이야기를 따라 예수님과 끝까지 동행하면 우리는 언뜻 이상하게 보이는 이 엔딩의 참다운 의미를 발견할 수 있을 것입니다. 그러니 당장은 이상하게 보이더라도 마음속에 기억해 두도록 합시다. 마가복음은 16장 8절로 끝나는 복음서라는 것을 말입니다.

이 엔딩의 의미를 찾아가는 여정의 시작은 바로 이 구절입니다. "하나님의 아들 예수 그리스도의 복음의 시작이라."(1:1) 우리말 번역에는

'시작'이라는 말이 문장의 맨 마지막에 놓여 있지만, 헬라어 원문에는 '시작'이 문장의 맨 처음에 놓여 있습니다. 시작이라는 말로 시작하는 복음서라니, 흥미로운 시작이 아닐 수 없습니다. 마가복음의 시작은 매우 짧습니다. 하지만 이 짧은 시작은 마가복음 전체를 아우르는 심대한 의미를 함께 포함하고 있습니다.

마가복음의 처음을 이해하기 위해 먼저 헬라어 원문에 쓰인 단어들과 순서를 살펴보면, 우리말 성경이 "하나님의 아들 예수 그리스도"라고 번역한 부분을 헬라어 원문은 이렇게 나열합니다. "예수 그리스도 하나님의 아들."

여기서 중요한 것이 바로 '띄어 읽기'입니다. 흔히 우리는 '예수 그리스도는 하나님의 아들이다'라는 식으로 띄어 읽습니다. '예수 그리스도'를 하나의 명칭으로 생각하기 때문입니다. 하지만 마가복음은 신앙인뿐 아니라 예수님을 처음 대하는 사람들에게도 예수님을 소개하는 책입니다. 이를 고려할 때 헬라어 원문에 따른 바른 띄어 읽기는 다음과 같습니다.

"예수는 그리스도요, 하나님의 아들이다."

그러니까 마가복음은 예수님을 '그리스도'와 '하나님의 아들', 이 두 가지 칭호로 소개합니다. 이 두 칭호는 당시 두 세계의 독자들을 염두에 둔 칭호입니다. '기름 부음을 받은 자'를 뜻하며 지금 우리에게 너무나 익숙한 '그리스도' 즉 '메시아'라는 칭호는 사실 유대인들에게만 익숙한 칭호입니다. 유대교를 모르는 이방인들에게 '머리에 기름을 부은 사람'이라는 말은 별 의미가 없기 때문입니다.

반면 '하나님의 아들' 즉 '신의 아들'은 유대인들에게는 꺼려지는 칭호이나 이방인들에게는 익숙한 구원자의 칭호입니다. 이미 이방인들에게는 당시 로마 제국의 구원자요 첫 번째 황제인 아우구스투스가 '디비

필리우스(Divi Filius)', 즉 '신의 아들'로 선포되고 있었기 때문입니다. 마가복음이 '그리스도'와 '하나님의 아들'이라는 두 가지 칭호로 예수님을 소개한 것은 저자 마가가 유대인과 이방인이라는 두 세계의 독자를 염두에 두었다는 사실을 분명하게 보여줍니다. 마태복음은 유대인들의 관습을 독자들이 알고 있다고 전제하고 설명을 생략한 반면, 마가복음은 유대인들의 관습을 일일이 설명한다는 점에서 저자가 이방인 독자를 배려하고 있음을 증거합니다.

이런 면에서 마가복음의 신학은 복음이 유대인에게나 이방인에게나 똑같이 유효하다는 바울의 신학과 잇닿아 있는 것처럼 보입니다. 하나님의 은혜는 유대인과 이방인 모두에게 동일하게 유효하다는 마가의 신학은 앞으로 여러 이야기를 통해 증명될 것입니다.

이상한 끝의 시작으로 마가복음은 두 세계의 독자를 마음에 품고 예수님이 누구신지를 선언하며 자신의 복음서를 엽니다. 이제부터 마가는 유대인들과 이방인들에게 '예수의 복음' 또는 '예수에 대한 복음'(헬라어로는 두 해석 모두 가능합니다.)을 소개합니다. 마가복음의 이상한 끝과 그 이상함을 상쇄해 보려는 여러 시도는 우리에게 귀중한 신앙의 교훈도 전해줍니다. 말씀이 이상하게 보인다고 내 마음대로 바꾸어 이해해서는 안 된다는 사실 말입니다.

말씀을 대할 때 우리는 이상하면 이상한 대로, 이해되지 않을 때는 이해되지 않는 대로 그대로 두고 말씀을 대해야 합니다. 섣불리 내 멋대로 이해하기를 멈춰야 합니다. 그 이상함 앞에서 하나님의 진리가 문득 우리를 찾아와 만나줄 것이기 때문입니다.

PART 2

'너'는 누구인가?

마가복음 1장 2~3절

"내가 내 사자를 네 앞에 보내노니 그가 네 길을 준비하리라 광야에 외치는 자의 소리가 있어 이르되 너희는 주의 길을 준비하라 그의 오실 길을 곧게 하라."(1:2~3)

첫 문장 "내 사자를 네 앞에"에서 '내 사자'와 '너'는 각각 누구를 가리키는 말일까요? 이어지는 세례 요한의 이야기로 인해 우리는 자연스레 "내 사자"는 세례 요한으로, "네 앞에"의 '너'는 예수님으로 이해합니다. 그리고 다시 자연스럽게 3절의 "주의 길을 준비하라"라는 명령을 예수님의 길을 준비하는 세례 요한의 사명과 연결시킵니다. 이것은 우리가 흔히 이해하는 방식일 뿐 아니라 마태와 누가의 이해이기도 합니다. 결정적으로 누가복음에 등장한 예수님께서 세례 요한에 대해 이렇게 말씀하셨기 때문입니다.

"기록된 바 보라 내가 내 사자를 네 앞에 보내노니 그가 네 앞에서 네 길을 준비하리라 한 것이 이 사람에 대한 말씀이라."(눅 7:27)

하지만 이러한 이해는 마태와 누가의 이해이지, 마가의 이해는 아닙니다. 여기서 우리는 복음서를 이해할 때 가장 중요한 한 가지를 짚고 넘어가야 합니다.

각각의 복음서는 각자의 신학적 렌즈로 예수님과 그분의 생애를 바라봅니다. 동일한 예수님의 사건을 묘사하는데도 복음서마다 때로는 미묘하게, 때로는 심대하게 차이가 나는 것은 바로 이 때문입니다. 따라서 각 복음서는 각각의 신학적 렌즈로 보아야 바르게 이해할 수 있습니다.

마가복음의 모든 이야기 역시 마가복음의 렌즈로 봐야 합니다. 그래야 마가복음이 전하고자 하는 예수님과 예수님 사역의 성격을 제대로 이해할 수 있습니다. 따라서 우리는 마가복음 1장 2절의 '너'의 정체는 무엇인지 마가복음만을 통해 추적해 볼 것입니다. 그리고 그 추적은 '주'라는 말에 대한 이해에서 시작합니다.

유대인들은 하나님의 이름인 '여호와(또는 야웨)'를 직접 부르는 것을 불경하다고 여겨 히브리어로 '아도나이', 즉 '주(主)'로 대체해 불렀습니다. 이것은 우리나라에서 왕의 이름을 직접 부르지 않고 돌려서 불렀던 피휘(避諱)의 전통과 비슷합니다. 이 전통에 따라 유대인들은 헬라어로 구약성경을 번역할 때 '여호와'에 해당하는 단어를 모두 '주(κύριος퀴리오스)'로 바꾸어 번역했습니다.

우리에게 매우 익숙한 하나님의 이름 '여호와'가 신약성경에는 단 한 차례도 나오지 않고 대신 '주'만 등장하는 것 역시 헬라어로 집필된 신약성경 또한 이 전통을 이어받았기 때문입니다. 하지만 '주'를 뜻하는 헬라어 κύριος는 신약성경이 기록될 당시 일상생활에서 다른 용도로도 사용하던 단어였습니다. 따라서 신약성경에서 만나는 κύριος라는 단어는 주의 깊게 구별할 필요가 있습니다. 사용하는 용도에 따라 κύριος가 뜻하는 바는 크게 세 가지입니다.

첫 번째는 이미 살펴본 것처럼 하나님의 이름을 바꿔 부를 때 사용하는 '주'입니다. 이것은 교회가 예수님을 '주'라고 부를 때도 사용합니다. 교회는 예수님을 하나님으로 고백하기 때문입니다. 예를 들어 마태복음 14장 28절에서 베드로는 예수님을 '주'로 부르는데, 이것은 명백히 하나님에 대한 호칭을 예수께 돌린 교회의 고백을 반영한 것입니다.

이와 구별되는 두 번째 용례는 소유주로서의 주인을 뜻하는 κύριος입니다. 성경 곳곳에서 일꾼들의 '주인'(마 9:38), 포도원의 '주인'(눅 13:8), 나귀의 '임자'(눅 19:33) 등에 사용된 κύριος는 소유나 주종 관계에서의 주인을 뜻합니다.

마지막 세 번째 용례로 신약 시대의 사람들은 성인 남자에게 말을 걸 때 κύριος라는 말을 단순 경칭으로 사용했습니다. 이것은 우리가 모르는 사람에게 말을 걸 때 그 사람이 실제 선생님이 아닌데도 "선생님" 하고 부르는 것과 비슷한 용례입니다. 또는 영어에서 처음 본 상대에게 격식을 갖춰 사용하는 'sir'와 비슷하다고도 할 수 있습니다.

성경에는 이 세 가지 용례가 모두 나옵니다. 따라서 우리는 복음서에서 '주'라는 단어를 마주칠 때마다 이 '주'가 어떤 의미로 사용되었는지 잘 살펴야 합니다.

결론적으로 말하자면 마가복음의 등장인물들은 단 한 차례도 예수님을 첫 번째 의미의 '주'로 부르지 않습니다. 즉, 마가복음에 등장하는 인물 중에는 예수님을 하나님과 동등한 존재로 여기면서 '주'로 고백하여 부르는 사람이 한 명도 없습니다. 마가복음에서 첫 번째 의미로서의 '주'는 오직 하나님에 대해서만 배타적으로 사용될 뿐입니다. 하지만 이 말을 듣자마자 당장 우리 머릿속에는 "모든 사람이 주를 찾나이다"(1:37)나, 저 유명한 베드로의 고백 "주는 그리스도시니이다"(8:29)와 같은 구절들이 떠오를 것입니다. 그리고 마가복음에도 이렇게 예수님을 '주'로 고백하며 부르는 사람들이 있다고 반론을 제기하고 싶을 것입니다.

하지만 유감스럽게도 이것은 우리말 성경 번역의 오류입니다. 언급된 구절에서 '주'로 번역한 헬라어 원어는 '주'가 아니라 '당신'입니다. 우리말 번역자가 '당신'이라는 말을 임의로 '주'로 바꿔 번역한 것입니다. 예수님을 '당신'으로 부르는 것이 윗사람에 대한 우리말 어법에 맞지 않기에 예수님을 높이는 의도로 그랬을 것입니다. 하지만 이 의도로 말미암아 마가복음이 전하는 예수님 상에 불가피한 오해가 생기고 말았습니다. 나중에 자세히 살펴보겠지만, 마가복음에서 아무도 예수님을 '주님'으로 부르지 않았다는 사실은 예수님이 평생 철저하게 오해받고 계셨음을 말해줍니다.

따라서 결론적으로 말하면 마가복음 1장 3절의 "너희는 주의 길을 준비하라"라는 명령은 예수님의 길을 준비하라는 명령이 아니라 하나님의 길을 준비하라는 명령입니다.

그렇다면 '너희'는 누구일까요? 마가복음에서 주의 길을 준비하는 이 사람은 세례 요한이 아닙니다. 세례 요한은 3절에 등장하는 '광야에 외치는 자의 소리'이기 때문입니다. 이것은 요한복음에서 세례 요한이 자신을 소개한 것과도 일치합니다(요 1:23). 따라서 하나님의 길을 준비해야 할 사람은 바로 복음서를 읽는 우리 자신입니다! 이것은 그대로 2절에도 해당합니다. 하나님은 자신의 사자를 '너'의 앞에 보내 '너'의 길을 준비하신다고 하십니다. 즉, 하나님은 자신의 사자를 우리 앞에 보내신다는 것입니다.

그렇다면 마지막으로 하나님의 사자는 누구일까요? 우리 앞에 보내신다는 하나님의 사자는 바로 예수님이십니다. 그러므로 예수님에 대한 구약의 예언을 종합한 마가복음 1장 2~3절의 선언은 다음과 같습니다.

"하나님께서는 당신의 아들이며 메시아이신 예수를 보내시어 하나님께 이르는 우리의 길을 마련해 주셨다. 그리고 하나님은 우리가 이 세상에서 하나님의 길을 닦기를, 하나님이 오셔서 활동하실 길을 준비하기를 요청하신다!"

'선지자 이사야의 글'이라고 말은 했지만, 이 짧은 인용에는 출애굽기 23장 20절, 말라기 3장 1절, 이사야 40장 3절 등이 혼합되어 있습니다. 그러니까 마가는 이사야라는 선지자 대표를 통해 구약의 가장 결정적인 예언들을 모아 예수님을 표현한 셈입니다. 이 예언의 결론은 요청입니다. 마가복음은 복음서가 단순히 읽고 이해해야 할 책이 아니라 반응하고 결단해야 하는 책이라는 사실을 보여줍니다. 모든 성경을 읽는 우리의 태도 역시 그러해야 마땅합니다.

PART 3

세례의 참 의미

마가복음 1장 4~13절

다른 복음서들과 비교해 볼 때 마가복음의 예수님 세례 장면이 지니는 가장 큰 특징은, 세례 후에 일어나는 성령 강림과 하늘의 소리를 다른 복음서들은 객관적이고 공적인 사건으로 묘사한 반면 마가복음은 예수님 자신의 주관적이고 사적인 사건으로 묘사하고 있다는 점입니다. 예를 들어 누가가 "하늘이 열리며 성령이 비둘기 같은 형체로 '그'의 위에 강림하시더니"(눅 3:21~22)라고 말할 때, 마가는 "(예수께서) 하늘이 갈라짐과 성령이 비둘기 같이 '자기'에게 내려오심을 보시더니"(1:10)라고 말합니다. 누가는 '그'라는 말을 통해 이 사건을 바라보는 주체가 예수님 주위의 다른 사람들임을 강조하는데, 마가는 '자기'라는 말을 통해 바라보는 주체가 예수님임을 강조합니다.

또한 하늘에서 들린 소리에 대해서도 마태가 "'이'는 내 사랑하는 아들이요"(마 3:17)라고 말할 때, 마가는 "'너'는 내 사랑하는 아들이라"(1:11)라고 말합니다. 누가와 비슷하게 마태는 '이 사람'이라는 말로 말을 듣는 주체가 예수님 주위의 다른 사람들임을 강조하는 데 반해,

마가는 '너'라는 말을 통해 듣는 주체가 예수님임을 강조합니다. 마가복음에 따르면 하늘이 열리는 것을 본 것도, 성령이 내려온 것을 본 것도 예수님뿐입니다. 하나님의 아들이라는 장엄한 하늘의 선언 역시 주위의 다른 사람들은 결코 듣지 못합니다. 예수님이 이 선언을 홀로 가슴에 품고 살아가시는 동안 사람들은 자기 마음대로 예수님을 생각하고 자기 욕심대로 예수님을 대합니다.

예수님에게 세례를 베푼 세례 요한은 자신은 비록 물로 세례를 베풀지만 예수님은 성령으로 세례를 베푸실 것이라며 예수님을 높입니다. "그는 너희에게 성령으로 세례를 베푸시리라"(1:8)라는 구절을 헬라어 원문으로 살펴보면 '성령으로'라는 부분이 헬라어 전치사 ἐν엔과 함께 표현되어 있습니다. 헬라어 전치사 ἐν은 본래 '~안에'를 뜻하기에 영어의 in에 해당합니다. 따라서 해당 구절은 '성령으로'라는 해석도 가능하긴 하지만, 문자 그대로 예수께서 '성령 안에서' 세례를 베푸실 것이라는 해석도 가능합니다.

예수께서 성령 안에서 세례를 베푸신다니, 이것은 과연 무슨 뜻일까요? 이후 마가복음에는 예수님이 실제로 세례를 베푸는 장면이 나오지 않으며 그에 대한 직접적인 은유나 상징도 등장하지 않습니다. 그렇다면 성령이 예수님께 임하셨고, 그 성령 안에서 예수님이 세례를 베푸신다는 말은 어떤 일회적인 사건을 가리키는 것이 아니라 예수님의 전체 사역과 관계된 말입니다. 즉, 성령 안에 계신 예수님의 전체 사역은 모든 사람에게 세례를 베푸는 것과 같은 의미라는 것입니다.

세례는 성찬과 더불어 가톨릭과 개신교가 공통으로 행하는 유일한 성례입니다. 성찬이 반복적으로 거행되는 성례임에 반해 세례는 단 한 번만 입교 예식으로 거행합니다. 이 세례(洗禮)를 우리는 흔히 한자의 의미를 따라 깨끗하게 씻는 의식으로 이해하는 경향이 있습니다. 처음 교회 안으로 들어올 때 단 한 차례 거행하는 예식이다 보니 세상과의 단절, 죄와의 단절을 상징적으로 보여주는 의식으로 이해합니다.

그러나 세례란 엄밀한 의미에서 침례(浸禮), 즉 물속에 전신을 담그는 예식입니다. 즉, 세례의 본질적인 상징은 씻는 것이 아니라 호흡이 있는 존재가 물속에 들어가 죽는 것입니다.

예루살렘 입성을 앞두고 미리 영광에 취한 채 높은 자리를 요구하는 제자들에게 예수님은 이렇게 말씀하십니다. "너희는 너희가 구하는 것을 알지 못하는도다 내가 마시는 잔을 너희가 마실 수 있으며 내가 받는 세례를 너희가 받을 수 있느냐."(10:38) 또 예수님은 자신의 수난을 생각하며 이렇게 심정을 토로하신 적이 있습니다. "나는 받을 세례가 있으니 그것이 이루어지기까지 나의 답답함이 어떠하겠느냐."(눅 12:50) 두 본문에서 세례가 의미하는 바는 명백합니다. 그것은 바로 죽음입니다. 바울 사도 역시 "그러므로 우리가 그의 죽으심과 합하여 세례를 받음으로 그와 함께 장사되었나니"(롬 6:4)라고 말할 때 이 점을 분명히 합니다.

하지만 일차적으로 죽음을 의미하는 세례는 죽음으로 그치는 것이 아닙니다. 세례는 '다른 존재로 살아남'도 함께 의미합니다. 이 새로운 존재는 이전 것과는 전혀 다른 새로운 피조물입니다. "그런즉 누구든지 그리스도 안에 있으면 새로운 피조물이라 이전 것은 지나갔으니 보라 새 것이 되었도다."(고후 5:17) 세례를 통하여 그리스도인들은 남자와 여자, 노예와 자유인, 유대인과 이방인 등 모든 인간 속성의 경계를 넘어 하나님의 새로운 한 백성이 됩니다. 바울이 고린도전서에서 세례와 함께 말한 것이 바로 그것입니다.

"몸은 하나인데 많은 지체가 있고 몸의 지체가 많으나 한 몸임과 같이 그리스도도 그러하니라 우리가 유대인이나 헬라인이나 종이나 자유인이나 다 한 성령으로 세례를 받아 한 몸이 되었고 또 다 한 성령을

마시게 하셨느니라."(고전 12:12~13)

이와 같이 세례는 모든 그리스도인을 하나로 이어주는 끈이 됩니다. 예수께서 성령 안에서 우리에게 베푸시리라는 세례는 바로 이 의미입니다.

예수님은 요한에게 세례를 받으심으로 당신의 죽음 안으로 발을 내딛으십니다. 이렇게 예수님이 죽음으로 진입하심으로 우리 또한 이후에 얻게 될 새 생명을 위한 세례를 받을 수 있게 됩니다.

이번 본문에는 마가가 즐겨 사용하는 부사가 두 차례 등장합니다. 그것은 '곧(εὐθύς유튀스)'이라는 부사입니다. 우리말 성경이 '곧' 또는 '마침' 등으로 번역한 이 단어는 마가복음 1장에만 11차례 등장합니다. 때로는 이야기에 어울리지 않게 등장하는 '곧'은 하나님 나라 사역의 급박함과 결단의 급박함을 강조하는 신학적인 의미를 지닙니다.

세례를 받으시자마자 성령은 '곧' 예수님을 광야로 몰아냅니다. '인도했다'가 아니라 '몰아냈다'고 마가는 전합니다. 성령은 예수님을 광야로 거칠게 몰아내십니다. 그리고 예수님은 그곳에서 40일 동안 사탄에게 시험을 받으십니다. 마태와 누가가 보도하는 세 가지 시험 내용을 마가는 전하지 않습니다. 마가에게 중요한 것은 예수님이 당하신 시험의 종류가 아니라 시험을 당하셨다는 사실 자체이기 때문입니다.

거칠게 시험으로 내몰리신 예수님은 처음부터 고난의 종이셨습니다. 아름다울 법한 어린 시절의 이야기나 원래는 하나님이셨다는 고결한 선언을 제쳐두고 마가는 죽음과 사탄의 세력으로 발을 내딛으시는 예수님의 모습을 사역의 첫 모습으로 그립니다. 하나님 나라를 위한 사역에는 낙관과 여유가 들어설 자리가 없다는 것입니다. 이러한 마가의 이야기 방식은 안일하고 따스한 우리의 삶에 찬물을 끼얹습니다. 그리고 예수님의 거칠고 급박한 삶에 집중하게 만듭니다.

PART 4

회개와 회심

마가복음 1장 14~15절

세례 요한이 잡힌 후 예수님은 본격적으로 전도를 시작하십니다. 예수님의 첫 일성은 바로 이것입니다.

"때가 찼고 하나님의 나라가 가까이 왔으니 회개하고 복음을 믿어라!"

선포의 핵심은 하나님의 나라가 가까이 왔다는 사실입니다. 마가는 이 선언을 "하나님의 복음"(1:14)이라고 부릅니다. '복음'이라는 명명이 너무나 당연한 것 같지만 놀랍게도 오직 마가만이 이 선언을 '복음(福音)', 즉 기쁜 소식이라고 부릅니다.

마태와 누가는 하나님 나라가 가까이 왔다는 사실을 결코 기쁜 소식이라고 생각하지 않았습니다. 그들에게 이 소식은 기쁜 소식이 아니라 두려운 소식이었습니다. 하나님 나라의 도래를 진노의 날의 도래, 심판 날의 도래로 이해했기 때문입니다. 그래서 마태는 마가와 달리 예수님의 이 선포를 '기쁜 소식'이라고 명명하지 않고 "회개하라 천국이 가까이 왔느니라"로, 즉 하나님 나라의 도래와 회개의 순서를 바꾸어 전하고 있습니다.

마가에게 가장 중요한 것은 하나님 나라의 도래였습니다. 그래서 먼저 하나님 나라의 도래를 기쁜 소식으로 선포하고, 이어 회개와 믿음을 이 소식을 받아들일 조건으로 묘사합니다. 이와 반대로 마태와 누가에게 시급하고 중요한 것은 회개였고, 천국이 가까이 왔다는 사실은 신속한 회개를 위한 이유였습니다. 천국이 가까이 오고 있으니 늦기 전에 빨리 회개하라고 말입니다. 이에 마태와 누가는 회개 요청을 천국의 도래에 앞세웁니다. 그러니 하나님 나라가 가까이 왔다는 소식이 기쁜 소식일 리 만무합니다. 이러한 차이는 하나님 나라가 가까이 왔다는 선언을 이해하는 방식과 관점 차이에서 발생합니다.

먼저 마태와 누가는 이 선언을 시간적으로 이해합니다. 예를 들어 버스를 기다릴 때 버스가 가까이 왔다는 것은 아직 도착하지 않았음을 의미합니다. 이처럼 천국이 가까이는 왔지만 아직은 아니니, 기회가 있을 때 빨리 회개해야 한다고 이해한 것입니다.

이와 달리 마가는 이 선언을 공간적으로 이해합니다. 그는 하나님 나라가 가까이 왔음을 손을 뻗으면 닿을 만큼 가까이 위치한 것으로 이해합니다. 이러한 이해는 '가까이 왔다'를 뜻하는 헬라어 동사가 문법적으로 현재완료형이라는 사실을 통해서도 확증됩니다. 과거에 일어난 사건이 현재에도 지속되는 상태를 나타내는 현재완료 문법을 반영하여 이 구절을 번역하면 그것은 '가까이 왔다'가 아니라 '가까이 와 있다'입니다. 즉, 하나님의 나라는 이미 손에 잡힐 만큼 가까이 와 있다는 것입니다. 그러니 이것은 기쁜 소식이 아닐 수 없습니다. 이제 누구든 하나님의 은혜를 누릴 수 있는 조건이 마련되었기 때문입니다. 이에 마가는 하나님 나라의 도래를 주저 없이 '복음'이라고 부릅니다. 더 나아가 하나님 나라의 도래는 하나님이 주관자시기에 "하나님의 복음"(1:14)입니다.

그런데 왜 모두를 위해 마련한 하나님 나라를 정작 모든 사람이 누리지 못하는 것일까요? 이 부분에 대한 열쇠가 바로 하나님 나라가 가까이 왔다는 선언에 이어지는 회개와 믿음에 대한 요청입니다.

회개 하면 떠오르는 인상이 있습니다. 그것은 교회나 기도원에서 가슴을 치며 하나님께 통회하는 모습입니다. 회개(悔改)라는 한자어에서 뉘우침과 후회를 뜻하는 悔는 이런 모습을 잘 대변합니다. 그러나 이러한 이해와 달리 회개를 뜻하는 헬라어 '메타노이아(μετάνοια)'는 감정과 정반대의 방향을 가리킵니다. 합성어 메타노이아는 '~뒤에' 또는 '~을 넘어'를 뜻하는 전치사 '메타(μετά)'와, '정신', '마음', '이해'를 뜻하는 명사 '누스(νοῦς)'로 이루어졌습니다. 영어 단어 metaphor(은유)나 metaphysics(형이상학)에서처럼 '메타'는 '변화', '다른 차원으로의 변이' 등의 뜻을 내포합니다.

따라서 '메타노이아'란 사고방식이나 가치관을 완전히 다른 차원으로 변화시키는 것을 의미합니다. 우리말의 회개가 감성적인 인상을 불러일으키는 것과 달리 헬라어의 회개, 메타노이아는 논리적이고 이성적인 영역입니다. 따라서 예수께서 요청하신 회개는 우리가 이해하는 바와 같은 감성의 차원이 아니라 이성과 결단의 영역에 속합니다. 그런 의미에서 '메타노이아'에 대한 우리말 번역은 후회와 뉘우침을 뜻하는 회개(悔改)보다 생각과 마음을 돌이킨다는 뜻의 회심(回心)이 더 적절해 보입니다.

하나님 나라를 누리는 일은 지금까지와는 완전히 다른 가치관과 사고방식으로만 가능합니다. 이 일이 쉬울 리 없습니다. 지금의 내 가치관과 사고방식은 삶을 통해 검증되고 채택된, 나의 안전을 보장해 주는 유일한 발판이기 때문입니다. 이것을 버리는 일은 마치 낭떠러지에 매달려 유일하게 의지하고 있던 밧줄을 놓는 것과 같습니다. 하나님의 나라가 누구에게나 열려 있음에도 모두가 그 나라로 들어가지 못하는 이유가 바로 이 때문입니다.

삶의 모든 가치관과 사고방식을 바꾸는 모험을 감행하기란 결코 쉽지 않습니다. 다시 낭떠러지의 비유로 말하자면 마치 우리에게 예수님이 이렇게 말씀하시는 것과 같습니다. “너는 날 수 있다!” 밧줄을 부여잡고 기를 쓰며 올라가는데, 예수님은 날 수 있다고, 밧줄을 놓고 날아보라고 말씀하십니다. 하지만 예나 지금이나 하나님은 보이지 않는 존재시고, 아래는 천 길 낭떠러지입니다. 정말 이 밧줄을 놓아도 죽지 않을까요? 그래서 예수님은 회심하라는 요청 다음에 바로 이 요청을 덧붙이십니다. “믿으라.”

우리는 흔히 믿음을 어떤 내용이나 사실에 동의하고 그것을 받아들이는 것으로 이해합니다. 그리고 사도신경에서처럼 하나님은 창조주시고 예수님은 인류를 구원하신 구원자라는 교리적 사실을 받아들이는 것을 믿음으로 여깁니다. 영어로 살펴보자면 완전히 일치하지는 않지만 대부분 이런 경우에 사용하는 단어는 believe입니다. 이 역시 믿음이기는 하지만 다른 종류의 믿음도 있습니다. 예를 들어 우리가 “나 믿어?”라고 말할 때의 믿음이 있습니다. 이런 경우에는 believe 대신 trust라는 단어를 사용합니다. 신뢰라고도 번역하는 이 믿음이야말로 성경에서 사용하는 믿음의 정체입니다. 성경에 등장하는 모든 믿음은 어떤 교리에 대한 동의나 수용이 아니라 결단과 투신의 행동을 의미합니다.

예수님은 바로 이런 의미에서 하나님을 믿으라고 우리에게 요청하십니다. 하나님의 나라가 이미 네 곁에 있으니 하나님을 믿고 네가 그렇게 안간힘으로 부여잡고 있는 밧줄을 놓아 보라고 요청하십니다. 그리고 그 나라 안으로 들어가라고 촉구하십니다. 이것이 천국과 관련한 진정한 회개요 믿음이라고 말씀하십니다.

PART 5

결단은 머리가 아니라 가슴으로 하는 것

마가복음 1장 16~21a절

성경에 표시된 장(章)과 절(節)은 종교개혁 시대에 만들어진 편리한 장치입니다. 하지만 그때의 장절은 당시에 사용하던 성경의 원어 사본을 기준 삼은 것이었습니다. 그러나 이것 역시 하나의 필사본에 불과했고, 이후 양질의 사본들이 다량으로 발견된 후에는 기준으로 삼았던 사본에 문제가 많음이 밝혀졌습니다. 예를 들어 원문에는 없었을 구절들이 다수 첨가되었음을 알게 되었습니다. 하지만 그렇다고 해서 이런 구절들을 삭제한 후 종교개혁 시대부터 현재에 이르기까지 사용하고 있는 처음의 장절을 다시 조정하지는 않았습니다. 이는 인용의 통일성을 유지하기 위해서였습니다. 우리가 읽는 성경에 가끔씩 "(없음)"이라고 표시된 부분들이 있는 것은 바로 이런 연유에서입니다.

그런데 성경 읽기에 매우 편리한 장절의 장치는 그 임의적인 구분 때문에 때론 성경의 문맥을 이해하는 데 선입견과 오해를 불러일으키기도 합니다. 드물게 일어나는 경우이나 대표적으로 이번 본문이 이에 해당합니다.

사람들은 마가복음 1장 16~28절 전체에 '가버나움에서의 하루'라는 소제목을 붙이기도 합니다. 이야기를 읽어보면 예수님이 아침에 갈릴리 해변에서 제자들을 부르시고, 회당에 들어가 귀신을 쫓으신 뒤, 예배를 마치고 시몬과 안드레의 집에서 시몬의 장모를 고치신 다음, 밤에 온 동네에서 몰려온 병자들을 고치시는 것으로 하루가 저무는 듯한 인상을 받기 때문입니다. 특히 "그들이 가버나움에 들어가니라 예수께서 곧 안식일에 회당에 들어가 가르치시매"라는 마가복음 1장 21절은 예수님이 제자들을 부르신 뒤 자연스럽게 회당으로 가신 것 같은 오해를 불러일으킵니다.

하지만 제자들을 부르신 이야기는 맥락으로 볼 때 "그들이 가버나움에 들어가니라"에서 끝나야 합니다. 왜냐하면 예수님이 제자들을 부르신 것은 회당에 들어가신 날에 일어난 일일 수 없기 때문입니다. 예수님이 첫 번째 제자들을 만난 아침에 그들은 그물을 던지거나 깁고 있었습니다. 즉, 그들은 노동을 하고 있었습니다. 그러니 이날이 안식일일 리가 없습니다.

따라서 가버나움에 들어가셨다는 21절 상반절은 예수께서 가버나움에 정착하셨다는 말로 이해해야 합니다. 바로 여기서 갈릴리 해변에서 예수님이 제자들을 부르신 이야기는 끝을 맺습니다. 그리고 이어지는 21절 하반절은 예수님이 가버나움에 사시다가 어느 안식일에 회당에 들어가신 새로운 이야기의 시작입니다. 21절 상반절이 20절에 포함되고 21절 하반절부터 새로운 절이 되었다면 '가버나움에서의 하루' 같은 오해는 피할 수 있었을 텐데, 수백 년 전에 만든 장절 구분이 그 의도와 달리 오히려 본문의 이해를 방해하고 말았습니다. 그러니 우리는 이제부터라도 성경을 읽고 이해하고자 할 때 지나치게 장절의 구분에 의존해서는 안 됩니다.

21절 상반절로 끝나는 제자의 부름 이야기는 예수님의 가버나움 정착으로 끝을 맺습니다. 많은 사람이 "여우도 굴이 있고 공중의 새도 거처가 있으되 인자는 머리 둘 곳이 없다"(마 8:20; 눅 9:58)라는 예수님의 비유적인 말씀을 곧이곧대로 받아들여 예수님을 집도 없이 떠돌아다닌 방랑전도자로 생각합니다.

하지만 이는 사실과 다릅니다. 예수님이 시몬의 장모를 치료해 주신 이야기를 근거로 마치 시몬과 안드레의 집에 계속 얹혀 사셨던 것처럼 생각하는 것 역시 곡해와 과장이기는 마찬가지입니다. 예수님은 가버나움에 분명한 거처가 있었고 가버나움을 거점으로 선교여행을 떠나셨다가 다시 돌아오시곤 했습니다.

마태복음의 다음 구절은 잘못된 선입견에 근거한 모든 오해를 불식시킵니다. "예수께서 요한이 잡혔음을 들으시고 갈릴리로 물러가셨다가 나사렛을 떠나 스불론과 납달리 지경 해변에 있는 가버나움에 가서 사시니."(마 4:12~13) 지금도 이스라엘 가버나움에는 사람들이 붙여 놓은 '예수님이 사시던 마을(The town of Jesus)'이라는 표식이 있습니다. 예수님은 이곳에서 말 그대로 사셨습니다.

가버나움은 로마 군대의 주둔지로, 고대 세계의 주요 교통로 중 하나인 바닷가 무역길(via maris) 근처에 위치한 도시였습니다. 이스라엘을 분할 통치하던 분봉 왕들의 영지 경계에 자리하고 있었기에 세관도 있었습니다. 이 가버나움에 도착하신 예수님은 해변을 따라 걸으며 첫 번째 제자들을 부르셨습니다.

시몬 안드레 형제와 야고보 요한 형제는 모두 갈릴리 호수에서 일하는 어부들이었습니다. 하지만 이들은 가난한 어부가 아니었습니다. 자기 배를 소유하고 독점적으로 물고기를 잡았다는 사실은 이들의 일이 규모를 갖춘 번듯한 사업이었음을 의미합니다. 대부분 가족 사업이었을 것이고, 성경은 그들 중 특히 야고보와 요한 형제가 아버지 세베대와 함께 품꾼들을 고용해 일을 시킬 정도의 재력을 갖춘 사업가들이었음을 분명하게 보여줍니다.

그런 그들에게 예수님은 "나를 따라오라"고 하십니다. 이 말을 들은 시몬 베드로와 안드레는 '곧(εὐθύς)' 그물을 버려두고 예수님을 따릅니다. 그리고 잠시 후 만난 야고보와 요한 형제를 예수님은 같은 말로 '곧' 부르십니다. 그러자 그들도 아버지와 품꾼들을 배에 버려둔 채 예수님을 따릅니다.

사실 예수님께서 첫 번째 제자들을 부르시는 과정이 복음서의 묘사처럼 실제였으리라고는 상상하기 어렵습니다. 처음 보는 사람의 말에 생계 수단을 버려두고 따라나설 사람은 아무도 없기 때문입니다. 더구나 그에 대한 보상이 사람을 낚는 어부가 되게 하겠다는 모호한 약속이라면 더욱 그렇습니다.

마가가 즐겨 사용하는 '곧'이라는 부사와 함께 전하려는 메시지의 핵심은, 실제의 과정에 대한 정확성이 아니라 하나님 나라의 급박성과 따름의 급진성입니다. 우리에게는 지체하거나 고민할 시간이 없습니다. 지체하면 늦는 것이 아니라 영원히 놓쳐버리기 때문입니다. 그러기에 결단은 급박하게 일어납니다. 동시에 과격하고 급진적으로 일어납니다. 낭떠러지에서 밧줄을 놓아 버리는 것처럼 제자들은 삶의 수단을 모두 놓아 버립니다.

마지막으로 한 가지 더, '곧'이라는 말과 함께 생각해 볼 점이 있습니다. 결단은 즉각적이 아니면 대개 가능하지 않는다는 사실입니다. 우리는 어떤 결정 앞에서 가슴이 뜨거워질 때가 있습니다. 그럴 때 가슴의 뜨거움을 '곧' 실행으로 옮겨야 합니다. 만일 그때를 놓치면 그것은 곧 가슴을 지나 빠르게 머리로 올라가기 때문입니다. 머리는 그래서는 안 될 그럴듯하고 합리적인 이유를 순식간에 수없이 만들어 냅니다. 그러면 더는 실행이 불가능해집니다.

결단은 뜨거운 것이 가슴에 찾아왔을 때, 머리로 올라가기 전에 끝내야 합니다. 예수님의 즉각적인 부르심과 제자들의 즉각적인 결단은 바로 이 점을 분명하게 가르쳐 줍니다. 즉시 따르지 않는다면 결코 버릴 수 없습니다.

PART 6

더러운 영 안에 있는 사람

마가복음 1장 21b~28절

놀랍게도 마가복음은 앞으로 펼쳐질 예수님의 모든 사역을 여는 첫 번째 사역으로, 예수님이 회당에서 귀신을 쫓으신 구마(驅魔, exorcism) 사건을 소개합니다. 심지어 마가는 예수님 사역의 중요한 세 가지 축을 선포, 치유, 구마로 규정하면서(1:34, 39) 구마를 그중 한 축으로 소개합니다. 이는 마태복음이 예수님이 고치신 여러 병의 목록을 열거했을 때 귀신 들림을 그저 여러 병 중에 하나로 다룬 것(마 4:24)과는 확연히 다른 태도입니다.

마가가 예수님의 구마를 그렇게까지 중요하게 생각한 이유는 분명 하나님의 복음으로 선포된 하나님 나라의 도래와 관계 있을 것입니다. '하나님의 나라'에서 '나라'로 번역된 헬라어 단어는 '바실레이아(βασιλεία)'로, 우리말로는 '다스림' 또는 '통치'로 번역하는 것이 더 적절합니다. 우리말의 '나라'가 주로 공간적인 의미로 한정되는 데 비해 '다스림'이나 '통치'는 다스리는 자의 영향력을 강조합니다. 이런 이유로 복음서에 등장하는 '하나님의 나라'는 '하나님의 다스림'으로 이해할 때 훨씬 더 자연스러운 경우가 많습니다. 그 대표적인 예가 주기도문입니다. "나라가 임하시오며"(마 6:10)보다는 '통치가 임하시오며'가 훨씬 자연스럽습니다.

그렇다면 하나님의 나라가 오기 전, 즉 하나님의 다스림이 없는 세상은 어떤 상태였을까요? 하나님의 다스림이 없으니 아무런 통치도 없는 상태였을까요?

마가는 하나님의 나라가 임하기 전의 상태를 단순한 권력의 진공 상태로 생각하지 않습니다. 마가에게 있어 하나님의 다스림이 없는 곳은 사탄이 다스리는 곳입니다. 하나님과 사탄 사이에 중립지대란 없습니다. 이 세상이든 우리의 삶이든 하나님이 다스리시지 않으면 사탄이 다스리는 것입니다.

그러기에 하나님 나라의 도래는 필연적으로 사탄의 나라와의 대결을 의미하며 동시에 그 나라의 파멸을 의미합니다. 그러므로 하나님 나라의 도래를 선언하신 예수님의 첫 번째 사역으로 귀신을 쫓아낸 사건을 전한 것은 마가에게 지극히 당연한 일이었습니다.

다른 복음서들이나 당시의 문헌들과 비교해 볼 때 마가의 귀신 이야기는 놀라움으로 가득 차 있습니다. 동서고금을 막론하고 귀신 들림과 구마의 전형을 특징짓는 키워드는 다음과 같습니다. 이유를 알 수 없는 귀신의 엄습, 전적인 피해자로서의 인간, 인간의 의식과 행동을 조종하는 귀신, 귀신을 쫓아내려는 퇴마사와 귀신의 대결, 구마가 성공할 경우 옛 상태를 회복하는 인간. 하지만 마가의 귀신 이야기는 이 전형과 상당히 거리가 멉니다. 따라서 관습적인 전형으로 마가의 귀신 이야기를 이해하려는 모든 시도는 그것이 지닌 심대한 신학적 중요성을 놓치고 맙니다.

마가의 귀신 이야기가 지니는 차별성 중 가장 먼저 눈에 띄는 것은 귀신 들린 사람에 대한 표현입니다. 마가복음 1장 23절의 "더러운 귀신 들린 사람"에 해당하는 헬라어 표현을 직역하면 "부정한 영 안에 있는 사람(a man in an unclean spirit)"입니다. 주목할 점은 원문의 표현은 '귀신'이 아니라 '영'이며, 그것도 '악한 영'이 아니라 '부정한 영'이라는 사실입니다. 이때 '부정(不淨)'은 도덕적인 개념이 아니라 구약의 정결법에서 사용되는 것처럼 철저히 제의적인 개념이며, 하나님과 인간 사이의 단절된 소통을 상징적으로 표현하는 개념입니다.

마가가 귀신 들린 사람을 표현한 "부정한 영 안에 있는 사람"은 결코 일반적인 표현이 아닙니다. 우리말에서는 빙의의 상태를 귀신이 '들린', 즉 귀신이 사람 안으로 들어온 것으로 표현합니다. 일반적인 헬라어 표현에서도 마찬가지입니다. 그런데 마가는 사람 안으로 귀신이 들어온 것이 아니라, 마치 사람이 귀신 안으로 들어간 것처럼 묘사합니다. 이 표현은 당시에도 상당히 이상한 표현이었습니다. 그래서 마태와 누가가 자신들의 복음서에서 모두 일반적인 표현으로 바꿀 정도였습니다. 그런데 놀랍게도 마가는 이 표현을 거라사 귀신 이야기(막 5:2)에서 다시 사용합니다. 따라서 이 표현은 마가가 고안해 낸 의도적인 표현으로 보아야 합니다.

당시의 전형과 크게 어긋나는 두 번째 차이점은, 퇴마사이신 예수님과 대화하고 대결하는 것은 귀신이 아니라 사람이라는 점입니다. 마가는 분명하게 부정한 영 안에 있는 '사람'이 예수님께 소리를 지른다(1:23)고 말합니다. 놀랍게도 이 사람은 귀신과 자신을 가리켜 '우리'라는 말을 사용합니다(1:24). 본문은 명백하게 여러 귀신이 아닌 단 하나의 귀신(a spirit)에 대해 말하기에 '우리'라는 말은 매우 이상하게 들립니다. 이어 부정한 영 안에 있는 사람은 우리를 멸하러 왔냐며 예수님께 저항합니다. '우리'라는 말로써 귀신과의 강한 연대감을 표현하며 귀신과의 결합이 깨지지 않기를 원하고 있습니다.

이 사실들을 종합해 볼 때 우리는 다음과 같은 놀라운 결론에 도달합니다. 마가는 예수님의 첫 번째 귀신 이야기에서 인간의 귀신 들림을 자발적인 귀신 들림으로 묘사합니다. 인간은 귀신 '안에서' 무언가 이득을 누리고 있었던 것입니다.

이야기에 따르면 이 사람은 아무런 제재 없이 회당에 들어왔고, 함께 예배드린 그 누구도 그가 귀신 들린 사람인 줄 몰랐습니다. 그런 그가 예수님의 가르침에 부딪힌 순간, 마가는 그 사람이 '곧'('마침'으로 번역된 헬라어 단어는 이미 우리에게 익숙한 부사인 εὐθύς유튀스, 즉 '곧'입니다.) 부정한 영 안에 있는 사람으로 드러났다고 말합니다. 부정한 영 안에 있던 사람은 예수님의 현존 앞에서 귀신과의 결합이 위협받자 강렬하게 저항합니다. 그러나 예수님은 기어코 그 결합을 끊어내십니다. 이처럼 마가는 일반적인 구마 이야기의 전형을 신학적으로 비틀어 '하나님의 복음'과 그에 직면한 인간 존재 사이의 상관관계를 표현합니다. 복음의 궁극적인 목표는 인간의 해방과 자유입니다. 마가복음 1장의 귀신 쫓는 이야기는 해방과 자유를 직접적인 주제로 다룬 이야기입니다.

사회심리학자 에리히 프롬이 『자유로부터의 도피』라는 책에서 탐구했던 것처럼, 해방과 자유의 문제는 역사 속에서 끊임없이 다음 두 가지의 질문을 던집니다.

"도대체 무엇으로부터의 자유이며 무엇을 향한 자유인가?"

"과연 인간은 진정으로 자유를 원하는가?"

마가의 귀신 이야기는 예수 그리스도께서 선포하고 실천하시는 해방과 자유의 성격을 바로 이 두 질문에 비추어 신학적으로 사유합니다.

부정한 영 안에 있는 사람은 하나님과의 완전한 단절 속에 있으나 동시에 그 속에서 안위와 힘을 느끼며 삽니다. 그러기에 해방의 기회 앞에서도 이를 거부합니다. 하지만 예수님은 이 안전이 거짓 안전이며, 하나님의 다스림 없는 삶은 결국 사탄의 지배를 받을 뿐이라고 선언하십니다. 이에 예수님은 그의 소원과 달리 강제로 그를 귀신과 갈라놓으십니다. 이것이 하나님 은혜의 진정한 성격입니다. 하나님은 무작정 우리의 원대로 해주시지 않습니다. 우리의 생명을 살리기 위해 때로는 우리의 안전과 소원을 박살 내십니다.

더러운 영 안에 있던 사람의 이야기는 지금도 계속되고 있습니다. 주님은 더러운 영 안에 있는 우리를 그것에게서 나오게 하려고 지금도 애쓰고 계시기 때문입니다.

PART 7

하나님이라고 쉬울까?

마가복음 1장 29~39절

예수님의 구마 이야기를 전한 마가는 연이어 예수님의 치유 이야기를 전합니다.

'곧' 시몬과 안드레의 집에 가신 예수님은 '곧' 시몬의 장모가 열병으로 누워 있다는 소식을 듣고 그녀를 고쳐주십니다. 앞선 구마 이야기는 인간의 영혼과 관련한 이야기였습니다. 이에 비해 병을 치유하는 이야기는 인간의 육체와 관련한 이야기입니다. 구마 이야기와 치유 이야기를 연달아 전함으로써 마가는 예수님이 인간 영혼의 왜곡뿐 아니라 몸의 왜곡에도 동일하게 관심하신다는 사실을 강조합니다. 마치 인간은 영만이 아니라 영과 육으로 이루어져 있고 하나님은 이 둘을 똑같이 중요하게 여기신다는 것처럼 말입니다.

날이 저물자 사람들이 병자들과 귀신 들린 자들을 데리고 예수님께 몰려들기 시작합니다. 병자와 귀신 들린 자를 따로 구별해 말하면서 마가는 예수님의 사역에서 구마와 치유를 별개의 주제로 구분하고 있음을 다시금 분명히 합니다.

해가 진 후에 사람들이 병자들과 귀신 들린 자들을 데려온 것은 하루의 시작을 저녁부터 셈하는 유대인들의 독특한 관습 때문입니다. 들것에 환자를 실어 나르는 것 역시 일에 속하는지라, 사람들은 노동이 금지된 안식일이 끝나기를 기다렸다가 해가 져 다음 날이 시작되자 병자와 귀신 들린 자들을 예수님께 데려옵니다. 예수님은 많은 병자를 고치고 많은 귀신을 내쫓으십니다(1:34).

이때 예수님의 치유 묘사에서 눈여겨봐야 할 점은 병을 고친다는 의미로 사용된 헬라어 동사입니다. 우리말에 '병을 고치다', '낫게 하다' 외에 '치료하다', '치유하다', '요치하다' 등의 다양한 표현이 있는 것처럼 헬라어에도 치유에 관한 다양한 동사가 존재합니다. 치유의 뜻을 지닌 헬라어 동사들 중에 마가가 예수님의 치유 본문에 사용한 동사는 영단어 therapy의 어원인 '테라퓨오(θεραπεύω)'입니다. θεραπεύω는 특별히 '섬기다', '돌보다', '시중들다'라는 뜻을 강조하는 동사입니다. 따라서 이 동사로 표현한 예수님의 치유는 단순한 말 한마디나 안수를 통한 치유가 아니라, 많은 병자를 일일이 섬기고 돌보고 시중드는 번거롭고 고된 섬김을 통한 치유를 의미합니다.

예수님의 치유에 암시된 섬김과 돌봄은 이후 예수님의 사역을 따라 했던 제자들의 모습에서도 확인됩니다. 예수님은 후일 따로 열두 제자를 세워 파송하셨습니다. 마가는 파송된 제자들이 한 일을 다음과 같이 전합니다. "제자들이 나가서 회개하라 전파하고(선포하고), 많은 귀신을 쫓아내며, 많은 병자에게 기름을 발라 고치더라."(6:12~13)

파송된 제자들은 선포, 구마, 치유라는 예수님 사역의 세 가지 중심축을 정확하게 재현합니다. 이때 '고치더라'에 사용된 단어 역시 θεραπεύω입니다. 눈여겨볼 점은 제자들의 치유에 '기름을 발라'라는 부가적인 설명이 달려 있다는 사실입니다. 하지만 이것이 예수님은 신적 능력으로 병자들을 고쳤지만 제자들은 그렇지 못해 기름으로 치료했다는 뜻은 아닙니다. 이미 제자들도 예수님처럼 신적 능력으로 귀신들을 쫓아냈기 때문입니다. 오히려 제자들이 기름을 발라 병자들을 고쳤다는 설명은 예수님이 하셨던 치료의 모습을 상상하게 합니다. 제자들은 스승의 선포와 구마뿐 아니라 치유도 그대로 따라 했을 것이기 때문입니다. 즉 기름을 발랐다는 부가적 설명은 예수님과 제자들이 병자들을 신적 능력으로만 고친 것이 아니라, 지난한 섬김과 돌봄으로 고쳤다는 사실을 말해줍니다.

이렇게 마가는 예수님의 치유 모습을 통해 “인자가 온 것은 섬김을 받으려 함이 아니라 도리어 섬기려 함이라”(10:45)라는 말씀이 이미 사역 초기부터 실천되었음을 보여줍니다.

우리는 전지전능하신 하나님은 기적이나 구원 같은 것을 손쉽게 행하신다고 생각합니다. 그런데 병 고치시는 예수님의 힘겨운 모습은 어쩌면 하나님에게도 이 모든 것이 쉬운 일이 아닐지 모른다는 생각을 하게 합니다. 잘못한 사람을 용서하는 일이 우리에게 쉽지 않다면, 나를 미워하는 사람을 사랑하는 일이 쉽지 않다면, 그것이 하나님께도 쉬울 리가 없습니다. 악을 미워하시는 하나님께 죄인을 용서하는 일은 어쩌면 우리의 상상보다 더 힘들고 어려운 일일지 모릅니다. 하나님은 그 힘겨운 일을 온 힘을 다해 해내고 계시는지 모릅니다. 병자들을 한 명 한 명 정성껏 돌보며 섬기시는 예수님의 모습은 하나님의 힘겨운 사랑의 모습을 상상하게 합니다.

어쩌면 힘겨움의 정점은 인간이 되신 하나님의 시도일 것입니다. 우리가 믿는 하나님은 다른 신화 속의 신들처럼 간단히 인간으로 변한 것이 아니라, 탄생을 시작으로 수십 년을 걸친 지난한 성장 과정을 거쳐 인간이 되십니다. 그리고 갖은 모욕과 혐오를 견디고 고통스러운 십자가의 죽음을 거쳐 인간을 구원하십니다. 이 모든 것은 하나님께도 사랑하는 일이 지극히 어려웠다는 사실을, 하지만 그 어려운 일을 하나님은 기어코 끝까지 해내셨다는 사실을 알려줍니다.

거의 밤이 새도록 계속되었을 섬김과 돌봄의 노동을 끝내신 예수님은 지친 몸으로 쪽잠을 주무시고 새벽에 일어나 한적한 곳으로 가 기도하십니다. 이렇게 홀로 하나님과의 만남 가운데 영혼의 힘을 충전하실 때, 제자들이 예수님을 찾아다닙니다. 마침내 예수님을 발견하자 이렇게 말합니다.

"모든 사람이 당신을 찾나이다."(앞서도 말했듯이 '주를 찾나이다'는 잘못된 번역입니다. 원어는 '주'가 아니라 '당신'입니다.)

모든 사람이 찾는다는 말은 매우 유혹적으로 들립니다. 이 유혹의 말을 예수님은 사명의 다짐으로 물리치십니다. "우리가 다른 가까운 마을들로 가자 거기서도 전도하리니 내가 이를 위하여 왔노라."(1:38) 예수님은 유혹의 자리를 박차고 사명을 향해 밖으로 나오십니다. 이렇게 주님은 나중에 겟세마네 동산에서 제자들에게 남겨주실 마지막 교훈, "시험에 들지 않게 깨어 있어 기도하라"(14:38)는 말씀을 몸소 실천하십니다. 그때나 지금이나 유혹을 이기는 것은 기도로만 가능함을 보여주십니다.

PART 8

하나님의 일을 방해하는 불순종

마가복음 1장 40~45절

본격적인 전도 여행을 나선 예수님 앞에 한 나병 환자가 나타나 정결해지기를 청합니다. 과거에 썼던 '나병(癩病)'이라는 명칭에 편견과 차별이 담겨 있다고 해서 지금은 한센병이라는 명칭을 사용합니다. 하지만 성경에 등장하는 나병이 모두 지금의 한센병을 가리키는 것은 아닙니다. 한센병이 중동에 알려진 것은 주전 400년경 알렉산더 대왕 이후이기에, 구약성경과 신약성경에 등장하는 나병은 한센병 외에도 일반적인 모든 피부병을 포괄적으로 의미합니다.(따라서 본문에서는 제한적으로 '나병'이라는 단어를 사용하겠습니다.)

전염성에 대한 의심 때문에 나병 환자는 공동체에서 격리되는 동시에 제의적인 의미에서도 부정(不淨)한 것으로 간주되어 하나님 앞에 나아오는 것 역시 제한됩니다. 예수님의 첫 번째 사역이었던 회당에서의 구마 이야기와 비슷하게 마가복음 1장 40~45절 본문은 다시금 부정과 정결이 주제입니다. 차이가 있다면 그때는 영의 부정이었고 이번에는 몸의 부정입니다.

나병 환자의 청을 들으신 예수님은 그를 불쌍히 여겨 깨끗하게, 즉 정결하게 만들어 주십니다. 이 치유 과정 역시 병자들을 고치신 이야기와 닮은 점이 있습니다. 마가는 예수님이 굳이 손을 내밀어 그를 만지심으로 치료했다고 전합니다. 권능의 말이나 손짓이 아니라 직접 그의 몸을 만지며 치료하십니다. 그러자 '곧' 나병이 그를 떠납니다.

치유를 마친 예수님은 '곧' 그를 몰아내시며(〈개역개정판〉은 "보내시며"라고 번역했지만 이곳에 쓰인 동사는 마가복음 1장 12절에서 성령이 예수님을 광야로 몰아내셨다고 말할 때와 같은 동사입니다.) 다음과 같이 엄중하게 경고하십니다. "삼가 아무에게 아무 말도 하지 말고 가서 네 몸을 제사장에게 보이고 네가 깨끗하게 되었으니 모세가 명한 것을 드려 그들에게 입증하라."(1:44)

명령의 요지는 두 가지입니다. 첫째, 누구에게도 말하지 말라. 둘째, 완치와 공동체로의 귀환을 최종적으로 결정하는 제사장에게 가서 확인받으라. 그런데 치료받은 사람은 예수님의 명령을 따르지 않습니다. 오히려 소문을 널리 퍼뜨립니다. 마가는 예수님의 명령을 따르지 않은 나병 환자의 불순종을 좋은 의미로 해석하지 않습니다. 예수님의 전도사역에 지장을 초래했기 때문입니다. 마가는 예수께서 다시는 드러나게 동네에 들어가지 못하셨다고 전합니다. 그 이유에 대해 대략 두 가지 추측이 가능합니다.

먼저 너무나 많은 군중의 운집 때문입니다. 예수님의 소문과 인기는 사람들의 주의를 예수님의 능력에 집중시켰습니다. 군중은 복음의 메시지를 듣기 위해서가 아니라 자기 문제를 해결해 줄 능력자로서의 예수님께 열광하고 몰려들었습니다. 그래서 드러나게 동네에 들어가는데 어려움이 발생했을 수 있습니다.

더 개연성이 있어 보이는 또 다른 추측은 나병이라는 요소에 근거합니다. 예수님은 나병 환자를 직접 만지셨습니다. 나병의 전염은 공동체 추방과 성소 제의에서의 제외를 의미합니다. 그러니 나병 환자를 만졌다는 소문은 예수님의 접근을 금지하거나 꺼리게 만드는 요소였을 것입니다. 어떤 이유에서든 이제 예수님의 전도 사역은 나병 환자의 불순종 때문에 방해받게 되었습니다.

흥미롭게도 나병 환자의 불순종한 태도는 마가의 구마 이야기들 속에 등장하는 귀신들의 태도와 대조됩니다. 하나님의 아들이라는 정체를 이미 알고 있던(1:24, 34) 마가복음의 귀신들은 예수님을 볼 때마다 그분께 엎드려 순종합니다(3:11). 이 점 역시 사람 몸에 들어온 귀신이 퇴마사와 대결하며 저항하는 통상적인 구마 이야기와 사뭇 다른 마가의 고유한 특징입니다.

마가복음의 귀신 이야기에서 대결과 저항은 귀신의 몫이 아니라 항상 인간의 몫입니다. 예수님은 귀신들이 자신의 정체를 알아보고 경배할 때마다 이상하게도 귀신들에게 침묵할 것을 명령하십니다(1:34, 3:12). 성서학자들이 '침묵 명령' 모티프라고 분류하여 부를 정도로 귀신들에 대한 이 명령은 분명한 마가복음의 특징입니다.

마가복음의 예수님은 수난이 임박할 때까지 하나님의 아들이라는 정체를 내내 숨기신 것처럼 보입니다. 이것은 예수님이 세례받으실 때 들린 "너는 내 아들이라"라는 하늘의 소리를 예수님만 들으신 것과도 일맥상통합니다. 귀신들의 입을 막아 정체를 숨기시는 이유는 필연적인 오해를 막기 위해서였습니다. 사람들은 늘 자신이 보고 싶은 것만을 보기 때문입니다.

실제로 마가복음에서는 예수님에 대한 오해가 빈번히 일어나며 심지어 제자들도 끝까지 예수님을 오해합니다. 그들은 자신이 원하는 대로만 예수님을 바라보았고, 마지막 순간에는 자신의 뜻과 어긋난다고 판단되자 가차 없이 예수님을 버립니다. 예수님이 스스로 메시아임을 밝히실 때조차 제자들은 자기 식대로, 세상의 방식대로 메시아를 이해하고 오해합니다. 이런 오해를 피하려고 예수님은 사역 내내 정체를 숨기신 것처럼 보입니다.

마가복음의 예수님은 단 한 번도 자신을 믿으라고 말씀하시지 않습니다. 마가복음의 예수님은 사람들이 자신이 아닌 하나님께, 하나님의 복음에 집중하고 관심하기를 원하십니다. 그러면서 자신에게 각자의 욕망을 투영하고, 그 욕망을 이루어 줄 메시아로 자신을 바라보는 오해를 한사코 피하십니다. 자신을 찾는 군중을 떠난 것도, 정체를 아는 귀신들의 입을 막으신 것도, 나병 환자에게 소문내지 말라고 명하신 것도 모두 같은 이유에서입니다.

그러나 나병 환자는 예수님의 명령에 불순종합니다. 우리는 여기서 또 하나의 귀중한 교훈을 배웁니다. 명령은 납득해서가 아니라 명령이기에 따라야 한다는 사실입니다. 비록 이해할 수 없어도 하나님의 명령이라면 받은 그대로 따라야 합니다. 내 원대로 명령을 바꾼다면 하나님의 일을 방해하는 무서운 불순종이 될지도 모르기 때문입니다.

PART 9

논쟁의 시작: 우리가 우리에게 죄 지은 자를 사하여 준 것 같이

마가복음 2장 1~12절

마가복음 2장 1절~3장 6절은 예수님의 다섯 논쟁으로 구성된 이야기 모음입니다. 다섯 개의 논쟁은 주제, 형식, 언어적 측면으로 서로 밀접하게 연결되어 예수님이 전하시는 복음의 본질과 성격을 분명하게 드러냅니다.

이제 살펴볼 본문은 이 일련의 논쟁들의 첫 시작입니다. 논쟁의 주제는 죄 사함의 권세입니다. 첫 번째 전도 여행을 마치고 예수님은 가버나움 집으로 돌아오십니다. 예수님의 가버나움 정착 이야기에서도 언급했듯이, 이 집을 베드로의 집으로 생각하는 것은 과장된 억측입니다. 예수님의 "본 동네"(마 9:1)인 가버나움은 예수님이 지역 거주민들이 내는 성전세를 내신 동네(마 17:24~27)입니다. 그러므로 "집에 계시다"(2:1)라는 말은 말 그대로 예수님이 자기 집에 계신다는 표현으로 보는 것이 자연스럽습니다.

예수님의 집은 '도(λόγος로고스)'를 들으러 온 사람들로 가득 차 있습니다. 이때 사람들이 중풍병자 한 사람을 네 사람에게 메워 예수께 데려옵니다. 성경을 잘 읽어보면 중풍병자를 데려온 것은 들것을 멘 네 사람이 아니라 "사람들"(2:3)입니다. 중풍병자를 데려온 것도, 지붕을 뚫어 내고 중풍병자를 들것에 내린 것도, 예수께서 그들의 믿음을 보셨다고 하신 것도, 소위 말하는 '네 명의 친구들'이 아니라 '사람들'입니다. 예수님은 이 사람들의 믿음을 보고 선언하십니다.

"소자야, 네 죄 사함을 받았느니라."

이 말은 즉시 율법을 전문적으로 해석하는 서기관들과의 논쟁을 불러일으킵니다. 서기관들은 예수님의 선언을 신성모독으로 간주합니다. 죄를 사할 수 있는 주체는 하나님 한 분뿐이라는 이유에서입니다. '곧' 이들의 생각을 아신 예수님은 주도적으로 논쟁을 시작하십니다. 인자에게 땅에서 죄를 사하는 권세가 있음을 알려주겠다고 하시면서 중풍병자에게 일어나 가라고 말씀하십니다. 그러자 기적이 일어납니다.

이 이야기에서 사람들이 결정적으로 오해하는 구절이 있는데 "인자가 땅에서 죄를 사하는 권세가 있는 줄을 너희로 알게 하려 하노라"라는 말씀입니다. 많은 사람이 여기서의 '인자(人子)', 즉 '사람의 아들'을 메시아인 예수님 자신을 가리킨 것으로 생각합니다. 하지만 결론부터 말하면 여기서의 '인자'는 '메시아'가 아니라 일반적인 '사람'을 가리키는 표현입니다. 이 점에 대해 지금부터 자세히 설명하겠습니다.

'사람의 아들'은 '사람'이라는 종(種)을 가리키는 히브리어적 표현 방식입니다. 이스라엘 사람들은 생물의 개체를 표현할 때 개라는 종에 속한 개체는 '개의 아들', 말이라는 종에 속한 개체는 '말의 아들'이라는 식으로 표현했습니다. 따라서 '사람의 아들'은 사람이라는 종에 속한 개체, 즉 개별적인 사람을 가리키는 히브리어식 표현입니다. 그런데 이 표현이 에스겔서(겔 2:1)와 다니엘서(단 7:1~14)에 등장한 이후 '사람의 아들', 즉 '인자'는 유대교 묵시문학에서 메시아를 가리키는 중요한 상징으로

도 사용되었습니다. 예수님의 수난 예고에 등장하는 '인자'가 메시아를 뜻하는 것은 바로 이러한 연유에서입니다.

그런데 문제는 신약성경에 등장하는 '인자'가 언제나 '메시아'를 뜻하지 않고 본래 의미인 개체로서의 '사람'으로도 사용된다는 데에 있습니다. 예를 들어 구약성경 시편의 "인자가 무엇이기에 주께서 그를 돌보시나이까?"(시 8:4)에서의 '인자'는 명백하게 사람을 가리킵니다. 신약성경에도 있는데 대표적으로 "사람의 모든 죄와 모든 모독하는 일은 사하심을 얻되"(3:28)라는 구절에 사용된 '인자'의 용례가 바로 그것입니다. 성경의 각주에 표시된 것처럼, 마가복음 3장 28절에 등장한 '사람'은 헬라어 원문에서는 '인자'의 복수 형태인 '인자들'입니다. 이 '인자들'이 메시아가 아닌 사람을 가리킨다는 것은 자명합니다.

본문의 '인자'를 메시아가 아닌 사람으로 보는 이유는 다음과 같습니다. 만일 이 '인자'가 메시아를 뜻한다면, 예수님이 사람들 앞에서 자신이 메시아라고 공개적으로 주장하는 셈이 됩니다. 그렇다면 이것은 앞선 이야기들에서 살펴보았던, 자신의 정체를 숨기려던 예수님의 태도와 상반됩니다. 만일 이것이 정말로 메시아를 의미한다면, 본문에는 당연히 자신을 메시아로 선포한 예수님의 놀라운 선언에 대한 사람들의 반응이 묘사되어 있어야 합니다. 하지만 그런 반응은 암시조차 있지 않습니다. 따라서 이곳의 '인자'는 메시아가 아니라 사람으로 이해하는 것이 적절합니다.

예수님이 말씀하신 '인자'를 사람으로 이해할 때, 우리는 예수님의 충격적인 주장에 부딪히게 됩니다. 바로 땅에서 사람의 죄를 사하는 권세가 사람에게 있다는 것입니다. 죄를 사할 수 있는 주체를 하나님으로만 설정한 서기관들에 반해 예수님은 죄 사함의 주체에 사람을 추가하십니다. 이것이 대체가 아니라 추가라는 점은 중풍병자를 향한 예수님의 죄 사함 선언이 수동태로 표현된 사실에서 암시됩니다. 그리고 이후의 설명에서 예수님은 특별히 사람의 죄 사함의 권세에 '땅에서'라는 말을 덧붙이십니다. 이는 마치 다음과 같이 말씀하시는 것처럼 보입니다.

"궁극적이고 최종적인 죄 사함은 하늘에서 하나님에 의해 이루어지지만, 동시에 그것은 땅에서 사람에 의해서도 선언되고 실행될 수 있으며 실행되어야만 한다."

예수님이 인간으로서 하신 일이 바로 그것이었고, 인자가 땅에서 죄를 사하는 권세가 있다고 말씀하셨을 때의 의미도 바로 그것이었습니다. 땅에서 죄를 사하는 사람의 권세는 우리가 잘 아는 예수님의 다른 가르침에도 들어 있습니다.

"우리가 우리에게 죄 지은 자를 사하여 준 것 같이 우리 죄를 사하여 주시옵소서."(마 6:12)

인간인 예수님께 죄 사함의 선언을 들은 중풍병자는 그 말을 믿고 스스로 일어납니다. 그리고 땅에서 기적이 일어납니다. 언제나 기적은 하늘의 은혜와 땅의 믿음이 이루어 내는 아름다운 합작입니다.

PART 10

두 번째 논쟁:
이유 있는 배제, 이유 없는 은혜

마가복음 2장 13~17절

다섯 개의 논쟁 중 이제 두 번째 논쟁이 시작됩니다. 첫 번째 논쟁의 화두였던 '죄'가 두 번째 논쟁에서도 이어집니다.

그러나 이번에 묘사된 죄의 성격은 첫 번째와 확연히 다릅니다. 사람들이 중풍병자를 죄인으로 규정한 것은 중풍병자 개인의 선택이나 의지와 무관했지만, 세리를 죄인으로 규정한 것은 세리 본인의 책임이었습니다.

다소 예스러운 표현인 '세리(稅吏)'는 현재의 세관원을 의미합니다. 그런데 세관 하면 언제나 국경이 떠오르기에 가버나움에 무슨 세관이 있나 생각할 수 있지만, 예수님 당시의 이스라엘은 분봉 왕들이 영토를 나눠 다스렸기에 각각의 영토 경계에 세관이 있었습니다. 예수님이 사시던 가버나움 역시 영지의 경계에 위치했기에 세관이 있었고, 레위는 이 세관에서 근무하던 세관원이었습니다.

세관원들은 국가 공무원이 아니라 민간사업자들이 세관직을 임차하여 운영하는 형태였기에 그들은 세관에 할당된 금액을 제한 나머지를 수입으로 삼았습니다. 지금으로 비유하자면 민자도로의 운영과 비슷한 방식입니다.

관세를 거두고 남는 이윤을 얻기 위해 세리들은 공권력을 이용해 거침없이 통행인들의 고혈을 짜냈습니다. 게다가 직업 특성상 이방인들을 많이 상대했기에 사회적으로나 종교적으로 불의하고 부정한 사람들로 취급받았습니다. 다시 말해 그들은 약속의 자녀에게서 내쳐진, 하나님의 은혜에서 배제된 사람들이었습니다. 성경에서 세관원들이 주로 창녀들과 짝을 이루며 죄인의 대명사로 불리는 것은 바로 이런 연유에서입니다.

첫 번째 논쟁의 중풍병자와 달리, 레위는 자신의 의지와 선택에 의한 죄인이었습니다. 배척과 혐오의 충분한 이유가 있었습니다. 그런데 백성을 수탈하고 이교도들로 부정해진 혐오의 대상에게 예수님이 다가가십니다. 그리고 "나를 따르라"(2:14)라고 말씀하십니다.

이야기 첫머리에 등장하는 "다시 바닷가에"(2:13)라는 표현은 똑같은 말씀으로 첫 제자들을 부르셨던 예수님의 모습(1:17)을 떠올리게 합니다. 그리고 이번에도 똑같은 말씀으로 죄인 제자를 부르십니다. 첫 번째 제자들처럼 죄인 제자도 말씀을 듣자마자 일어나 예수님을 따릅니다. 이 말씀은 명령이라기보다는 부르심, 즉 초대의 말씀입니다. 주님은 곧바로 초대에 응한 세리들, 죄인들과 식사를 나누십니다.

흔히들 이 식사가 레위의 집에서 있었다고 생각하지만 이 점은 확실치 않습니다. 식사 장소를 나타내는 "그의 집"(2:15)에서 '그'가 레위일 수 있지만 예수님일 수도 있습니다. 오히려 예수님의 집이라고 생각하는 편이 이야기 전개에 더 걸맞아 보입니다. 이 장소에 바리새인의 서기관들도 등장하기 때문입니다. 이 집을 예수님의 집이라고 본다면 우리는 예수님이 사시는 모습을 다음과 같이 그려볼 수 있습니다.

그분의 집은 언제나 사람들로 가득 차 있습니다. 많은 제자와 경건한 사람들, 종교의 지도자들뿐 아니라 세리들과 죄인들도 함께 넘쳐납니다. 이들은 모두 예수님의 초대를 받았고, 새로운 가르침을 듣고자 하며, 신앙의 고민을 토로하고 질문하며 답을 듣고자 하는 사람들입니다. 많은 세리와 죄인들이 함께 있었다는 사실은, 예수님이 그 누구도 배제하지 않고 초대하셨음을 의미합니다.

마가는 예수님 당시 배제에 익숙했던 사람들에 대해 이렇게 말하는 것을 잊지 않습니다.

"그러한 사람들이 많이 있어서 예수를 따름이러라."(2:15)

하나님의 자녀라는 신분과 상속의 약속에서 내쳐진 인간들을 자신의 집으로 초대하고 맞아들이는 예수님의 모습은 하나님의 말씀을 성실히 준행하고 온갖 더러움을 멀리하며 굳건하게 신앙을 지켜온 경건한 사람들에게 이해하기 어려운 것이었으며, 논란의 여지 또한 다분했습니다. 다시 말하지만 그들은 하나님과 동족을 향한 죄로 인해 내쳐진 존재들이었기 때문입니다.

그런데 예수님은 '그들은 병든 자들이고 나는 의사'라는 이유로 당연하고도 마땅한 배제와 혐오를 뛰어넘고자 하십니다. 예수님은 자신을 영혼의 히포크라테스로 선포하십니다. 적군이든 아군이든, 악인이든 선인이든, 그가 누구이든 상관 않고 병을 고치겠다는 유명한 맹세처럼, 예수님은 사람의 어떠함을 상관하지 않고 모든 병든 영혼을 고치고자 하십니다. 그렇게 주님은 이유 있는 배제를 뛰어넘으십니다.

예수님은 구분 짓고 배제하는 데 익숙한 인간들에게 구분을 없애고 이유와 조건 없이 인간을 받아들이시는 하나님의 모습을 소개해 주십니다. 이유 있는 배제보다 이유 없는 은혜를 선포하십니다. 첫 번째 논쟁에서 죄의 용서를 선포하신 예수님은 두 번째 논쟁에서 그 용서가 조건과 이유 없이 다만 은혜로 선포됨을 직접 몸으로 보여주십니다. “부르러 왔노라”(2:17)라는 말의 진정한 의미처럼, 실제로 그들을 초대하여 환대하심으로 그 은혜를 보여주십니다.

PART 11

세 번째 논쟁:
기존(旣存)과 기성(旣成)

마가복음 2장 18~22절

마가복음 2장 1절~3장 6절을 구성하는 다섯 개의 논쟁 이야기는 전체적으로 주제와 형식과 관련하여 X자 형태의 교차 대칭 구조를 이룹니다. 교차 대칭 구조는 고대의 문학 기법으로 흔하게 사용됐는데, 이때 가장 중요한 요소는 언제나 가운데에 자리했습니다. 따라서 다섯 개의 논쟁 모음에서 가장 핵심적인 내용은 한가운데에 있음이 분명합니다.

이야기들이 서로 유기적으로 연결됐다는 점에서 두 번째 논쟁은 첫 번째 논쟁에서 죄의 모티프를 가져왔고, 세 번째 논쟁은 두 번째 논쟁에서 손님들과의 식사 모티프를 가져왔습니다.

세리와 죄인들의 초대와 식사가 결혼식 잔치에 초대받은 손님들의 식사로 이어지면서 앞에서의 '먹음'이라는 주제가 이번에는 '먹지 않음', 즉 금식이라는 주제로 변주되어 논쟁으로 발전합니다. 이때의 금식은 특별한 계기의 금식이 아니라 신앙생활에서 규칙적으로 실행하는 경건 예식으로서의 금식입니다.

"왜 당신의 제자들은 요한의 제자들이나 바리새인들처럼 금식하지 않습니까?"

사람들은 신학적으로는 서로 대척점에 서 있지만 금욕적. 예식인 금식은 똑같이 실천했던 요한의 제자들과 바리새인들을 예수님의 제자들과 비교하며 논쟁을 걸어옵니다.

논쟁의 주제는 죄의 문제에서 모든 삶을 종교적으로 규정하는 율법의 문제로 서서히 진입합니다. "나는 이레에 두 번씩 금식하고 또 소득의 십일조를 드리나이다."(눅 18:12) 세리를 멸시한 바리새인이 종교 생활에 관해 딱 두 가지, 금식과 십일조를 언급합니다. 이것을 보면 종교 지도자인 바리새인들과 그들에게 지도받는 유대인들이 경건 생활에서 이 두 실천 사항을 가장 중요하게 여겼음을 알 수 있습니다.

그럼에도 예수님은 금식하기보다 사람들과 먹고 마시는, 특별히 죄인들과 먹고 마셨을 자신의 제자들을 변호하십니다. 유대인들에게는 하나님 나라를 잔치에 비유하는 것이 낯설지 않았는데, 그래서인지 예수님은 평소에도 죄인들과 먹고 마시는 것을 매우 중요하게 여기셨습니다. 어느 정도냐면 '먹보요 술꾼'(마 11:19; 눅 7:34 - "먹기를 탐하고 포도주를 즐기는 사람"이라는 우리말 번역은 적절하지 않습니다. 헬라어 원문에는 둘 다 각각 한 단어로 표현돼 있기 때문입니다.)이라는 별명까지 얻으실 정도였습니다. 예수님이 누구와 그렇게 먹고 마셨는지는 누가가 별명을 소개한 바로 다음 절에 분명하게 드러납니다. 예수님의 행동을 멸시한 자들은 '먹보와 술꾼'에 이어 그분을 "세리와 죄인의 친구"(눅 7:34)로 불렀습니다. 예수님은 죄인들을 위한 구원의 잔치를 문자 그대로 먹고 마시는 잔치로 계속 이어가셨습니다.

예수님이 금식하지 않는 제자들을 변호하신 이유는 금식을 중요하게 여기지 않아서가 아닙니다. 예수님은 공생애 시작 전, 친히 사십 일

동안 금식하며 몸과 영혼을 비우고 그 자리를 하나님으로 채우셨던 분입니다. 문제는 금식의 유무가 아니라 시기였습니다. 왜 금식하지 않느냐는 물음에 예수님은 금식의 때로 대답하십니다. "혼인집 손님들이 신랑과 함께 있을 동안에는 금식할 수 없다!" 그리고 장차 다가올 금식의 때를 말씀하십니다.

"신랑을 빼앗길 날이 이르리니 그 날에는 금식할 것이니라."(2:20)

바로 이 문장이 다섯 개의 전체 논쟁에서 한가운데를 차지합니다. 명백하게 예수님의 십자가 수난을 암시하는 구절을 넣음으로써 마가는 이제 겨우 예수님의 이야기를 펼치기 시작한 곳에, 모든 논쟁의 한복판에 예수님의 수난과 죽음의 그림자를 새겨 넣습니다.

보통 논쟁할 때 주장하는 내용보다 주장 간의 차이가 선명하게 드러나는 경우가 많습니다. 논쟁이 치열할수록 우리는 두 견해 차이가 얼마나 큰지 뚜렷이 알게 됩니다. 예수님의 논쟁 이야기도 마찬가지입니다. 논쟁으로 드러난 것은 예수님이 새롭게 제시하신 하나님 나라의 성격이나 내용 자체보다 예수님의 주장이 불러일으킨 기성 질서와 새 질서 사이의 첨예한 대립입니다. 이 대립이 어떤 결과를 가져올지 마가는 수난의 그림자를 넌지시 드리우며 알려주고 있습니다.

기존(既存)과 기성(既成)은 각각 '이미 존재하는 것'과 '이미 이루어진 것'을 뜻합니다. 불교에서는 만물의 9할 이상이 결코 바꿀 수 없는 기존(既存)이며, 나머지 1할 중의 9할은 이미 이루어진 기성(既成)이라고 말합니다. 우리가 별생각 없이 사용했던 '기존'과 '기성'이라는 말에 새로운 변화의 여지를 막는 무서운 의미가 담긴 셈입니다.

이 설명에 따르면 변화의 여지는 단 1퍼센트에 불과합니다. 예수님은 바로 이 1퍼센트로 불변의 기존과 이미 이루어진 기성을 뿌리째 흔드십니다.

"새 포도주는 새 부대에 담아야 한다."

생동하며 발효하는 새 포도주는 굳어서 유연성을 잃은 낡은 가죽 부대에 담아서는 안 됩니다. 뻣뻣한 가죽 부대는 새 포도주의 생동과 팽창을 견딜 수 없기 때문입니다. 이것은 예수님의 말씀을 들었던 이천 년 전 사람들에게만 해당하는 이야기가 아닙니다. 오늘의 그리스도인들에게도 똑같이 해당합니다. 성령의 생동하심은, 예수님이 전한 하나님 나라의 메시지는 지금도 여전히 우리의 기존 생각과 관념과 신앙을 송두리째 뒤흔들기 때문입니다.

PART 12

네 번째 논쟁:
사람이 주인이 되는 날

마가복음 2장 23~28절

안식일에 밀 이삭을 자른 사건에 관한 논쟁 역시 앞의 금식 논쟁처럼 제자들의 행동에서 비롯됩니다.

밀밭 사이를 지나가면서 제자들은 밀 이삭을 잘랐습니다. 예수님이 언급하신 다윗의 예를 보면 아마도 배가 고파서 그렇게 했던 모양입니다. 이 일이 문제가 된 것은 밭 주인의 허락 없이 이삭을 잘라 먹었기 때문이 아닙니다. 이 정도는 율법에서도 허락한 일입니다. 문제는 이 일이 안식일에 벌어졌다는 점입니다. 바리새인들은 밀 이삭을 자른 행위가 추수에 해당하는, 즉 안식일 노동 금지 계명을 어기며 안식일을 범했다고 해석합니다.

유대인들이 율법의 계명 중에서 가장 중요하게 여기며 실천한 두 가지는 할례와 안식일 준수였습니다. 이 두 가지는 당시의 세계에서 유대인이라는 정체성을 부여하는 가장 중요한 표식이었습니다. 몸에 새긴 할례 징표와 삶에 새긴 안식일 준수의 징표로 유대인들은 이방인들과 구별된 하나님의 백성임을 증명했습니다. 특히 본인만 아는 할례 여부와 달리 안식일은 타민족 사이에서 유대인들을 명백하게 드러내 주는 요소였습니다.

이런 이유로 유대인의 민족성을 말살하려던 이민족들은 언제나 제일 먼저 안식일 폐지를 시도했고 유대인들은 목숨을 걸며 이에 저항했습니다. 실제로 그리스 제국과의 전투에서 유대인들이 안식일에 전쟁하지 않는 점을 이용해 적들이 공격해 와 막대한 인명피해를 입은 적도 있습니다. 그 후로 방어의 전쟁은 안식일을 범하는 것이 아니라고 새롭게 규정할 정도로 안식일 준수는 유대인들에게 생명과도 같은 계명이었습니다.

"일곱째 날은 네 하나님 여호와의 안식일인즉 너나 네 아들이나 네 딸이나 네 남종이나 네 여종이나 네 가축이나 네 문안에 머무는 객이라도 아무 일도 하지 말라."(출 20:10)

율법학자들은 안식일의 노동 금지 계명을 적용하기 위해 어디까지를 일로 볼 것인지 심각하게 토론하고 검증하여 일련의 규칙과 체계를 만들었습니다. 그들은 일정 거리 이상 걷는 것, 불을 피워 요리하는 것 등 안식일에 하지 말아야 할 세부 목록을 작성했습니다. 이런 필연적인 해석들과 그 해석의 대물림을 유대인들은 "장로들의 전통"(7:3)이라 불렀으며, 전체 율법을 이루는 구성요소에 포함시켰습니다. 이러한 규정들은 사변적인 토론으로 정한 것이 아니라, 계명을 지키고자 하는 순수하고 열정적인 마음으로 최선을 다해 얻은 결과물이었습니다.

따라서 율법을 소중히 여기는 사람들이 예수님의 급진적이고 전위적인 율법 해석을 받아들이기 어려워한 것은 어쩌면 당연한 일이었습니다. 예수님의 급진적인 율법 해석을 무지한 백성들이 따른다면 필연적으로 오해와 변질이 뒤따르리라는 신앙적 염려는, 율법학자들이 예수님을 위험인물로 여긴 중요한 이유 중 하나였습니다. 이처럼 안식일 규정들은 하나님을 향한 순수한 의도에서 기인했지만, 유감스럽게도 예수님 보시기에 하나님의 뜻에 어긋난 결과를 낳고 말았습니다.

바리새인들은 제자들이 안식일에 하지 못할 일을 했다고 비난합니다. 이때 "하지 못할 일"(2:24)이라는 표현에서 '할 수 있다'라는 뜻으로 사용된 헬라어 ἔξεστιν엑스에스틴은 능력의 가능 여부가 아니라 법률상의 적법 여부를 가리키는 동사입니다. 다시 말해 "하지 못할 일"이란 구체적으로 '율법이 허락하지 않은 일'입니다. 이 단어는 바리새인들의 공격이 윤리적인 비난이나 경건에 관한 비난이 아닌 철저하게 법적인 문제 제기였음을 보여줍니다. 한마디로 제자들이 율법을 어겼다는 것입니다.

하지만 예수님은 이 해석을 받아들이지 않으십니다. 오히려 배고픔이, 인간의 근원적인 고통이 모든 율법에 앞선다고 주장하십니다. 아니, 더 나아가 율법의 목적이 인간의 근원적인 고통을 없애는 데 있다고 주장하십니다. 안식일이 사람을 위해 있지 사람이 안식일을 위해 있지 않다는 말 다음에 예수님이 내리신 결론은 이것이었습니다.

"인자는 안식일에도 주인이니라."(2:28)

우리는 중풍병자의 죄 사함을 다룬 첫 번째 논쟁에서 인자(人子), 즉 '사람의 아들'이 메시아가 아니라 사람을 가리킬 수도 있는 표현임을 살펴보았습니다. 서사와 문맥으로 볼 때 28절의 '인자' 역시 사람을 가리킴이 분명합니다. 예수님은 사람은 안식일에'도' 주인이라고 하십니다. 안식일이 아닌 날만 사람이 주인이고, 안식일에는 하나님만 주인인 것이 아니라, 하나님이 주신 율법은 안식일이든 평일이든, 그날이 어떤 날이든 모든 사람을 주인 되게 한다고 예수님은 주장하십니다.

이 말씀은 신명기의 안식일 계명을 떠오르게 합니다. 출애굽기의 십계명이 안식일에 '일을 하지 말라'고 명령한 것에 비해(출 20:10), 신명기의 십계명은 안식일에 '일을 시키지 말라'고 명령합니다(신 5:14). 안식일 계명의 근거 역시 출애굽기는 하나님의 쉼을 언급한 반면(출 20:11), 신명기는 종살이에서의 해방을 언급합니다(신 5:15). 이처럼 신명기는 안식일 계명의 사회적 차원, 즉 착취의 금지를 강조합니다. 착취 금지는 사람인 종들을 넘어 가축에게까지 미칩니다.

이러한 신명기 정신을 따라 예수님은 안식일은 종과 주인이라는 계급과 차별 없이 모든 사람이 주인 되는 날이라고 선언하십니다. 하나님의 법을 잘 지키려다가 사람을 놓치고 만 인간들에게 모든 사람이 주인 되는 세상이야말로 진정한 하나님의 뜻이라고 말씀하십니다.

PART 13

마지막 논쟁:
부정의 논리를 넘어 긍정의 논리로
마가복음 3장 1~6절

이제 마지막 논쟁이 펼쳐집니다. 네 차례의 치열한 논쟁을 거치면서 새 포도주와 낡은 가죽 부대는 결코 함께할 수 없다는 사실이 분명해졌습니다. 분위기는 험악해질 대로 험악해졌습니다. 사람들은 예수님을 고발하려고 주시합니다.

앞선 논쟁의 주제를 이어받아 또다시 안식일이 주제가 되고, 첫 번째 논쟁과 짝을 이루는 교차 대칭 구조답게 다시금 병자가 등장합니다. 팽팽한 긴장감이 흐르는 가운데 율법의 중심지인 회당에서 예수님은 적대적 시선들에 아랑곳하지 않고 손 마른 병자를 한가운데에 세우십니다. 그리고 적대자들을 향해 질문하십니다.

"안식일에 선을 행하는 것과 악을 행하는 것, 생명을 구하는 것과 죽이는 것, 어느 것이 옳으냐?"

이때 '옳으냐'로 번역한 헬라어는 ἔξεστιν입니다. 이 단어의 의미는 이전 논쟁에서 설명한 바 있습니다. 이 단어는 여기에서도 율법상의 적법 여부를 뜻하기에 '옳으냐?'보다는 '율법에 허락되어 있느냐?'로 해석하는 것이 더 적절합니다. 그러니까 이 질문 역시 윤리가 아니라 율법에 관한 문제입니다. 대답할 말을 찾지 못한 그들의 완악함에 예수님은 처음으로 분노하십니다. 그러고는 손 마른 사람의 손을 회복시켜 주십니다.

"그 손이 회복되었더라."(3:5)

'치유'가 아닌 '회복'이란 단어를 사용한 까닭은 율법의 본래 정신을 회복시키겠다는 예수님의 의지를 반영한 것입니다.

예수님의 치유는 다분히 도발적인 성격을 지녔습니다. 굳이 안식일에 병자를 고칠 필요가 없었습니다. 안식일에 병 고치는 규정을 살펴보면 치료 행위도 노동에 속하기에 금지되었으나 생명이 위급한 경우에는 예외 규정을 두었습니다. 그러나 손 마른 사람의 경우는 급박한 상황이 아니었습니다. 충분히 안식일 계명을 준수하면서 병자를 치유하실 수 있었습니다.

그런데 예수님은 안식일에 회당에서, 그것도 한가운데로 병자를 불러내십니다. 딱히 그가 원한 것도 아니었는데 주도적으로 불러내십니다. 그리고 보란 듯이 안식일에 허락되지 않은 치료를 행하십니다. 이것은 명백한 도발입니다. 안식일 준수의 의미와 해석에 대해 예수님은 부드러운 태도로 설득하시지 않습니다. 적대자들을 도발하면서 보란 듯이 자신의 안식일 이해를 공격적으로 실행하십니다.

예수님의 안식일 이해는 적대자들을 향한 예수님의 질문에서 더욱 분명해집니다. 예수님은 그들에게 안식일에 선을 행하는 것과 악을 행하는 것, 생명을 구하는 것과 죽이는 것 중에서 어느 것이 율법이 허락한 것이냐고 물으십니다.

이 질문에서 주목할 점은 선을 행하는 것과 행하지 않는 것, 생명을 구하는 것과 구하지 않는 것으로 묻지 않으셨다는 사실입니다. 이 질문에는 매우 급진적인 윤리적 태도가 담겨 있습니다. 선을 행하지 않는 것은 그냥 하지 않는 것이 아니라 그 자체로 악을 행하는 것이라는 사실입니다. 생명을 구하지 않는 것은 그냥 하지 않는 것이 아니라 생명을 죽이는 것과 같다는 의미입니다.

예수님의 윤리 속에는 안전한 중립지대가 없습니다. 이것은 하나님이 다스리시지 않는 곳은 사탄이 다스린다는 마가복음의 이해와도 일맥상통합니다. 이런 이해에서는 '가만히 있으면 중간은 간다'는 처세가 불가능합니다. 가만히 있으면 그 자체가 악이고 생명을 죽이는 것이기 때문입니다. 이 급진적이고 극단적인 윤리는 예수님의 윤리일 뿐 아니라 신약성경 전체를 관통하는 윤리입니다. 야보고서 기자는 다음과 같이 말합니다.

"그러므로 사람이 선을 행할 줄 알고도 행하지 아니하면 죄니라."(약 4:17)

목숨까지 바쳐 율법을 준수하겠다는 사람들이 어쩌다 이 지경까지 되었을까요? 모두 부정의 논리 때문입니다. 율법을 지키려는 유대인들의 모든 노력은 계명을 어겨서는 안 된다는 부정적인 방향으로 흘러 '해서는 안 되는 것'에만 집중했습니다.

우리의 신앙도 크게 다르지 않습니다. 신앙생활을 시작할 때 자주 듣는 조언은 거의 금지 명령들입니다. 진정한 그리스도인이라면 이것을 하면 안 되고 저것도 하면 안 되고 등등…. 심지어 주일 성수조차 주일에 교회를 빠지지 않는 것으로 이해합니다. 단순히 빠지지 않는 것이 주일을 거룩하게 지키는 일이 아닐 텐데 말입니다. 계명을 어기면 안 된다는 부정적인 생각은 정작 해야 할 일들을 향한 시선을 가로막습니다. 예수님은 죄를 짓지 않으려고 최선을 다하는 태도가 신앙의 소중한 본질을 얼마나 파괴하는지 지적하십니다.

이와 관련하여 종교개혁자 루터는 이런 말을 한 적이 있습니다. "죄인이 되어라. 그리고 담대하게 죄를 범하라." 당연히 이 말은 죄를 조장하는 말이 아닙니다. 죄를 짓지 않겠다는 부정의 논리가 아니라, 생명을 살리고 선을 행하겠다는 긍정의 논리를 따라야 한다는 말입니다. 그래서 루터는 다음의 말을 덧붙입니다.

"그러나 보다 더 담대하게 그리스도 안에서 믿고 기뻐하라."

예수님은 '생명 살림'과 '선의 실천'이라는 율법의 의미를 회복시키고자 하나, 사람들은 예수님의 주장을 받아들이지 못합니다. 낡은 가죽부대는 새 포도주를 감당할 수 없었습니다. 결국 논쟁의 결론으로 그들은 예수님을 죽이기로 결의합니다. 우리의 신앙을 돌아보게 하는 무서운 결말입니다.

PART 14

홀로 백 걸음보다 함께 한 걸음으로

마가복음 3장 7~19절

이제 바야흐로 예수님의 사역은 발전 단계로 접어듭니다. 율법학자들은 예수님을 배척했지만 군중은 사방에서 몰려듭니다. 예수님의 영향력이 이스라엘을 넘어 이방 땅에까지 확산됩니다. 예수님은 자기에게 온 사람들을 가르치고, 치료하고, 더러운 귀신을 쫓아내십니다.

예수님의 사역을 요약해 보여주는 마가복음 3장 7~12절에는 마가가 강조하는 예수님 사역의 세 가지 축 선포, 치유, 구마가 다시금 뚜렷하게 드러납니다. 예수님에 대한 귀신들의 태도 역시 명백합니다. 예수님의 정체를 단박에 알아본 귀신들은 그 앞에 엎드리며 하나님의 아들 메시아로 고백합니다.

하지만 예수님은 메시아에 대해 화려한 승리와 영광만을 꿈꾸는 군중의 오해를 피하고자 자신의 정체를 드러내지 말라고 야단치십니다. “자기를 나타내지 말라고 많이 경고하시니라”(3:12)라는 본문에서 ‘경고하다’로 번역한 헬라어 ἐπιτιμάω에피티마오는 ‘경고하다’보다는 ‘야단치다’, ‘꾸짖다’, ‘책망하다’의 의미를 지닌 동사입니다. 그런 의미에서 “그들을 엄하게 꾸짖으셨다"라고 한 〈새번역〉의 번역이 〈개역개정판〉보다 ἐπιτιμάω의 의미를 적절하게 구현했다고 할 수 있습니다.

이 단어를 이렇게 자세히 설명하는 이유는 앞으로 이 단어가 결정적인 역할을 하는 곳을 여러 차례 만나기 때문입니다. 어쨌든 예수님은 귀신들을 꾸짖고 그들에게 침묵을 명하십니다. 앞서 언급했듯이 마가복음에 등장하는 귀신들은 예수님께 철저히 순종할 뿐 저항하거나 공격하지 않습니다.

하나님 나라 사역이 본격적으로 궤도에 오르자, 예수님은 특별한 제자 그룹을 만들기 시작하십니다. 무대는 호숫가에서 산으로 이동합니다. 하나님의 백성에게 산이라면 아브라함이 이삭과 함께 하나님을 만난 모리아 땅의 산이나, 모세가 하나님을 만나 계약을 맺고 율법을 받았던 시내 산이 연상됩니다. 하나님이 아브라함과 모세를 부르신 것처럼, 예수님은 열둘을 부르십니다. 예수님을 따르는 제자들로 치면 세리 레위처럼 이미 수많은 제자가 있었을 것입니다.(독특하게도 마태복음은 마가복음과 누가복음에 레위로 소개된 세리의 이름을 마태로 바꾼 후 그가 열두 제자에 속한 것으로 묘사합니다. 이후 히에라폴리스의 주교 파피우스는 이 마태가 바로 마태복음의 저자라고 주장했는데, 이로 인해 처음에 이름 없이 전해지던 마태복음이 '마태복음'이라는 이름을 얻게 됩니다.) 그 많은 제자 중에서 주님은 특별히 열둘을 세우십니다. 그 목적을 마가는 이렇게 설명합니다.

"이는 자기와 함께 있게 하시고 또 보내사 전도도 하며 귀신을 내쫓는 권능도 가지게 하려 하심이러라."(3:14~15)

우리말 성경 번역은 열둘을 세우신 목적이 함께 있고, 파송하고, 선포하고, 구마의 권세를 갖는 것, 이렇게 네 가지라고 오해하게끔 합니다. 그러나 헬라어 원문 구조를 살펴보면 목적은 단 두 가지, '그들이 자신과 함께 있게 하기 위해서'와 '그들을 파송하기 위해서'입니다. 선포하는 것과 구마의 권세를 갖는 것은 두 번째 목적인 파송과 연결될 뿐입니다.

열둘을 세우신 첫 번째 목적이 자신과 함께 있게 하기 위해서라는 사실은 무척 인간적으로 다가옵니다. 우리만 예수님이 필요한 것이 아니라 예수님도 우리가 필요하다고 말씀하시는 것 같기 때문입니다. 주님 역시 외로움에 대한 위로와 재충전을 위한 격려, 함께 나눌 사랑이 필요하다고 말입니다. 그러니 주님이 우리에게 그러시듯 우리 역시 주님을 외롭게 만들어서는 안 됩니다.

이어지는 두 번째 목적은 사명을 위한 파송입니다. 힘을 얻은 사람은 일을 해야 합니다. 파송받은 사람은 복음을 선포하고 구마의 권세를 소유합니다. 놀랍게도 파송 전에 미리 예수님이 열두 제자에게 구마와 치유 권능을 주신 것으로 묘사한 마태와 달리(마 10:1), 마가는 그들이 구마의 권세를 가지도록 파송하신다고 말합니다. 이 사실은 사명에 임하는 자들을 위한 영적 교훈을 제공해 줍니다. 그것은 미리 받은 능력으로 사명을 수행하는 것이 아니라 사명을 수행함으로써 사명자에게 능력이 주어진다는 교훈입니다.

그러므로 능력이 없어 하나님의 일을 할 수 없다는 말은 핑계일 수밖에 없습니다. 능력은 믿음으로 하나님의 일을 수행하는 가운데 주어지는 것이기 때문입니다.

예수님이 자신의 일을 나누어 감당할 협력자를 세우신 것은 하나님께서 지금도 똑같이 협력자들을 부르신다는 사실에 대한 비유입니다. 하나님은 당신 홀로 걷는 백 걸음이 아니라 우리와 함께 걷는 한 걸음을 소중하게 여기십니다.

예수님이 택하신 열둘의 구성원은 놀랄 만큼 다양했습니다. 세례 요한의 제자였던 금욕주의 수도자 안드레, 폭력으로 민족 해방을 쟁취하려는 열심당원(가나나인) 투사 시몬, 합리주의자 도마 등 열두 제자는 정치적인 성향부터 종교적인 성향에 이르기까지 극과 극이 한데 섞인 집단이었습니다. 마치 우리 교회 안의 모습처럼 전혀 어울릴 것 같지 않은 사람들을 예수님은 하나로 모으십니다.

우리는 흔히 비슷한 성향과 능력을 갖춘 사람들끼리 모여야 성공할 수 있다고 생각합니다. 하지만 예수님의 생각은 다르십니다. 하나 되게 하시는 성령의 능력은 생각보다 강하기 때문입니다. 예수님의 선택을 받은 각양의 제자들이 십자가 부활 이후 자신들의 삶으로 주님의 생각이 옳았음을 증명한 사실을 우리는 분명하게 알고 있습니다.

PART 15

무너진 두 집안

마가복음 3장 20~35절

마가복음의 독특한 문학적 특징 중 하나는 비슷한 주제를 가진 두 이야기를 전달할 때 이 둘을 나열하지 않고 한 이야기 중간에 다른 이야기를 끼워 넣는 식으로 구성한다는 점입니다. 그 모양이 샌드위치를 연상시킨다고 해서 학자들은 '샌드위치 구조'라고 부릅니다. 이 특별한 구조로 인해 주제는 더 강조되고, 각각의 이야기는 드라마틱한 색채를 띱니다.

샌드위치 구조의 가장 전형적인 예로, 마가복음 5장의 회당장 야이로의 딸을 살리신 이야기 중간에 혈루증에 걸린 여인 이야기를 끼워 넣은 것을 들 수 있습니다. 그리고 3장의 이번 이야기 역시 샌드위치 구조를 따르고 있습니다.

이야기는 다시 예수님의 집에서 시작합니다. 이번에도 수많은 사람들이 예수님의 집 안을 가득 채우고 있습니다. 그 와중에 예수가 미쳤다는 소문을 들은 가족들이 멀리 고향에서부터 예수님을 잡으러 옵니다. 가족들이 빽빽이 들어찬 사람들 때문에 안으로 들어오지 못하는 사이, 집 안에서는 예루살렘에서 온 일군의 서기관, 즉 율법학자들이 예수님의 구마 행위를 문제 삼고 있습니다. 그들이 예수님의 구마가 귀신의 힘을 빌린 기적이라고 폄하하고 비난했기에 예수님이 그들을 자신의 집으로 불러들이신 것입니다. 가족들은 미쳤다고 하고, 율법학자들은 귀신 들렸다고 합니다.

예수님은 비유를 통해 율법학자들에게 귀신 쫓는 사역은 하나님의 영으로 인한 것임을 차근차근 설명하십니다. 예수님은 자신을 사탄보다 강한 자, 사탄의 집을 무너뜨린 자로 소개하십니다. 하지만 율법학자들은 이를 받아들이지 않고 예수가 귀신의 왕의 힘을 빌려 귀신을 제압한다고 주장합니다. 그러자 예수님은 그들의 모함을 신성모독으로 선언하십니다.

마가복음 3장 29~30절에서 '성령'과 '더러운 귀신'으로 번역된 헬라어는 각각 πνεῦμα ἅγιον프뉴마 하기온(거룩한 영)과 πνεῦμα ἀκάθαρτον프뉴마 아카타르톤(부정한 영)으로, 둘은 정확하게 대구를 이룹니다. 율법학자들은 '거룩한 영' 즉 성령의 일을 부정하고 그것을 '부정한 영'의 것으로 돌려버립니다. 이것은 명백한 신성모독입니다. 하나님이 하신 일을 귀신이 한 일이라고 주장한 억지는 '거룩한 영'을 '부정한 영'과 동일시함을 의미하기 때문입니다.

그럴 의도는 아니었겠지만 예수님을 공격하려는 맹목적인 의지는 결국 하나님을 사탄과 동일시하는 지경까지 이릅니다. 예수님은 그런 율법학자들에게 영원히 용서받지 못할 것이라며 저주를 퍼부으십니다. 그들의 공격은 자신에 대한 공격이 아니라 하나님에 대한 공격이었기 때문입니다.

참고로 앞선 논쟁들에서 언급했던 것처럼 이 대목에도 '인자(人子)'가 등장합니다(막 3:28). 우리말 성경에도 '사람'이라는 단어에 '인자들'이라는 각주가 달려 있듯이 복수로 표현된 '사람의 아들들'은 분명히 메시아가 아닌 인간 종(種)의 객체, 즉 사람들을 뜻하는 표현입니다. 이런 인자의 복수 형태가 에베소서(엡 3:5)에도 등장하는 것을 보면 '인자'가 메시아를 가리키지는 않는다는 사실이 더 분명해집니다.

예수님과 율법학자들의 논쟁이 정점에 오르자 가족들이 다시 등장합니다. 율법학자들과의 논쟁이 매듭지어지자마자 가족들과의 분란이 시작됩니다.

예수님을 잡으러 온 어머니와 형제자매들이 문밖에서 자신들이 왔다는 사실을 전합니다. 뜻밖에도 마가복음에서는 예수님의 어머니 마리아가 이곳에서 처음이자 마지막으로 등장합니다. 어떤 방식으로든 예수님의 어머니에 대한 찬사와 존중을 담고 있는 다른 복음서들과 달리 마가복음에는 그녀에 대한 긍정적인 묘사가 없습니다. 탄생 이야기도 없고, 십자가 아래에도 어머니가 없습니다.

만일 마가복음만 읽은 1세기 독자라면 어머니 마리아에 대해 긍정적인 인상을 받지 못했을 것입니다. 아니, 오히려 매우 부정적인 인상을 받았을 것이 분명합니다. 아들이 행하는 하나님의 사역을 이해하기는커녕 그가 미쳤다고 생각했으니 말입니다.

피를 나눈 가족이, 가장 가까운 사람들이, 누구보다 이해하고 품어주어야 하는 사람들이 주님을 이해하지 못합니다. 사탄의 집안을 무너뜨리셨음에도 불구하고 예수님의 집안은 몰이해와 불신으로 무너지고 맙니다. 이렇게 예수님은 가족을 버리지 않고는 내세의 영생을 얻을 수 없다는 말씀(10:29~30)을 몸소 실천하십니다. 자신을 찾아온 어머니와 형제자매들을 외면하고 예수님은 하나님의 말씀을 경청하는 사람들을 둘러보며 말씀하십니다.

"내 어머니와 내 형제들을 보라!"(3:34)

예수님은 피로 맺은 관계를 부정하고 하나님의 뜻으로 맺은 새로운 관계를 선택하십니다. 혈연으로 이루어진 가족이 아니라 하나님의 뜻을 행하는 사람들로 이루어진 가족, 우리가 훗날 교회라고 부를 새로운 가족을 선택하십니다. 동시에 모두를 형제요 자매로 부르시면서 주님과 맺는 관계는 주종관계나 상하관계가 아닌 평등한 가족관계라는 놀라운 진리도 선물해 주십니다.

지식으로 충만한 자들도, 혈연으로 친밀한 자들도 모두 예수님을 오해하고 배척합니다. 세상의 눈으로 보면 예수님은 사회생활과 가정생활에서 모두 실패한 셈입니다. 그러나 세상의 실패 속에서 하나님은 승리하십니다. 예수님은 몸소 그 진리를 믿고 실천하시며 우리에게도 그리하라 권하십니다.

PART 16

안이냐 밖이냐

마가복음 4장 1~20절

마가복음 4장은 예수님의 비유들을 집중적으로 모아 놓은 장입니다. 예수님은 사람들에게 하나님 나라의 진리를 비유로 말씀해 주시곤 했습니다.

일반적으로 비유의 일차적인 기능은 이해를 돕는 것입니다. 일상에서 흔하게 경험하는 일을 토대로 한 좋은 비유를 통해 우리는 어려운 내용을 직관적으로 파악합니다. 이것이 비유의 기능이요 목적입니다. 그러나 마가복음은 귀신 들림에서 그랬던 것처럼 비유도 일반적인 법칙을 따르지 않습니다. 일반적인 비유와 다르게 마가는 비유에 대한 자신만의 특별하고도 신학적인 이해를 전개합니다.

마가복음 4장 11~12절은 비유의 기능과 목적에 관해 무척이나 이상한 말씀을 소개합니다.

"하나님 나라의 비밀을 너희에게는 주었으나 외인에게는 모든 것을 비유로 하나니 이는 그들로 보기는 보아도 알지 못하며 듣기는 들어도 깨닫지 못하게 하여 돌이켜 죄 사함을 얻지 못하게 하려 함이라."

이 말씀의 의미를 제대로 파악하기 위해서는 원문에 사용된 두 개의 헬라어를 자세히 살펴볼 필요가 있습니다.

먼저 '비밀'로 번역된 헬라어는 영어 mystery의 어원인 μυστήριον뮈스테리온입니다. '미스터리'라는 단어가 주는 어감처럼 μυστήριον은 '신비'로도 번역됩니다. 실제로 〈개역개정판〉의 로마서 11장 25절은 이 단어를 '신비'로 번역했습니다. "형제들아 너희가 스스로 지혜 있다 하면서 이 신비를 너희가 모르기를 내가 원하지 아니하노니 이 신비는 이방인의 충만한 수가 들어오기까지 이스라엘의 더러는 우둔하게 된 것이라." 마가복음에서도 '비밀'보다는 '신비'로 번역하는 것이 더 적절해 보입니다.

두 번째로 살펴볼 단어는 '비유'의 헬라어 원어인 παραβολή파라볼레입니다. παραβολή에는 '비유'라는 뜻과 함께 '수수께끼'라는 뜻이 있습니다. 본문에서는 후자의 뜻이 더 적절해 보입니다. 그러므로 '신비'와 '수수께끼'라는 두 단어의 의미를 염두에 두고 4장 11절을 원문에 가깝게 직역하면 다음과 같습니다.

"너희들에게는 하나님 나라의 신비가 주어져 있지만, 저 바깥에 있는 자들에게는 모든 것이 수수께끼들 안에서 일어난다."

이처럼 마가복음에서 비유는 쉬운 설명을 위한 보조수단이 아닙니다. 비유는 누군가에는 하나님 나라의 신비가 되지만 누군가에는 알 수 없는 수수께끼가 됩니다. 이때 가장 결정적인 것은 "외인"(外人), 즉 바깥에 있는 자에 대한 언급입니다. 이는 비유의 말씀이 하나님 나라의 신비가 되거나 알 수 없는 수수께끼가 되는 것은, 듣는 자가 안에 있는지 혹은 바깥에 있는지로 결정된다는 말입니다. 그렇다면 비유는 객관적인 난이도를 지닌 진리가 아니라, 지금 내가 어디에 있는지를 드러내 주는 주관적 척도가 됩니다.

마가의 표현을 빌려 말하면 내가 그리스도 안에 머물러 있다면 비유의 말씀은 아무리 어려워도 하나님의 신비가 되고, 그리스도 밖에 머물러 있다면 비유의 말씀이 아무리 쉬워도 수수께끼가 됩니다. 하나님의 말씀을 이해하는 여부는 이성의 능력이 아니라 내가 어디에 있는지에 달려 있습니다. 그래서 마가복음 4장의 비유들에는 "들으라!"는 요청이 중요하게 반복됩니다(4:3, 9, 23). '듣다'라는 동사도 여러 차례 등장합니다. 핵심은 진리의 난이도가 아니라 듣는 자의 상태와 위치이기 때문입니다.

씨 뿌리는 자의 비유 역시 "들으라!"는 요청으로 시작합니다. 네 종류의 땅에 떨어진 씨앗들의 운명이 펼쳐지는데, 예수님은 씨앗이 '말씀'을 상징한다고 친히 설명해 주십니다(4:14).

예수님의 설명을 따라 우리는 네 종류의 땅을 말씀을 받아들이는 우리의 자세와 연관시킵니다. 길가에 떨어진 씨에서는 들은 말씀을 대수롭지 않게 여기는 우리의 모습을, 돌밭에 떨어진 씨에서는 시련과 어려움 앞에서 말씀을 포기하는 우리의 모습을, 가시떨기에 떨어진 씨에서는 세상 염려와 유혹 속에서 말씀대로 살지 못하는 우리의 모습을 발견합니다. 이어 우리는 말씀의 결실을 맺기 위해 좋은 마음 밭을 지녀야 한다고 받아들입니다.

그런데 이 해석은 오로지 씨의 입장에 근거한 해석입니다. 여기서 우리의 시선을 씨를 파종하는 농부, 즉 '뿌리는 자'(4:3, 14)의 자리에서 본다면 새로운 해석을 하나 발견하게 됩니다.

이 해석에 관해서는 팔레스타인에서 농사를 지을 때 어떤 방식으로 씨를 뿌렸는지 아는 것이 도움이 됩니다. 땅을 먼저 갈고 그 뒤에 씨를 뿌리는 일반적인 방식과 달리 팔레스타인에서는 먼저 씨를 뿌린 후에 쟁기로 땅을 갈아 씨를 덮었다고 합니다. 그러니 처음 땅에 뿌린 씨들은 길가에도 떨어지고 돌 위에도 떨어지고 가시덤불에도 떨어집니다.

하지만 땅을 갈아엎고 나서는 몇몇 실패는 있을지라도 전체 밭은 풍성한 결실을 맺습니다. 농부는 뿌린 씨의 삼십 배, 육십 배, 백 배의 결실을 거두어들입니다.

헬라어 원문에서 길가와 돌밭과 가시떨기에 떨어진 씨앗은 단수로 표현하고 좋은 땅에 떨어진 씨앗은 복수로 표현한 것은 이러한 결과를 뚜렷하게 강조합니다. 방해와 반대에 부딪혀 좌절된 것처럼 보일지라도 하나님 나라는 하나님의 때에 반드시 삼십 배, 육십 배, 백 배의 결실을 맺는다는 희망이 이 비유에 담겨 있습니다.

"너희가 이 비유를 알지 못할진대 어떻게 모든 비유를 알겠느냐?"(4:13)

희망의 메시지에도 불구하고 우리는 이 자리에서 흔들리기 시작하는 제자들의 어두운 그림자를 봅니다. 불행하게도 이것은 앞으로 전개될 제자들의 오해와 몰이해의 전조입니다. 하지만 지금은 희망의 말로 충분합니다. 만일 우리가 밖이 아니라 주님 안에 머물러 있다면, 우리 신앙의 노력은 그 어떤 유혹과 어려움에도 불구하고 종말에 반드시 풍성한 열매를 맺을 것입니다. 하나님 나라의 신비를 누릴 것입니다.

PARt 17

자라나는 씨

마가복음 4장 21~34절

이제부터 예수님은 하나님 나라와 관련한 세 가지 비유를 연이어 말씀하십니다. 우리말 번역과 달리, 헬라어 원문을 살펴보면 예수님은 "등불이 온다"라는 말씀과 함께 첫 번째 비유를 시작하십니다. 등불이 온다니, 다소 이상하게 들립니다. 그래서인지 같은 이야기를 전하면서 누가는 자연스럽게 사람이 먼저 등불을 켜고 등경 위에 두는 것으로 묘사합니다(눅 8:16).

그러나 특이하게도 마가복음의 헬라어 원문은 〈개역개정판〉의 번역처럼 '사람이 등불을 가져온다'가 아니라 '등불이 온다'로, 그것도 현재형으로 표현합니다. 이것으로 '빛이 오는 것'과 함께 마가복음은 누가복음과 확연히 다른 맥락을 지니게 됩니다.

우리는 여기서 자연스럽게 요한복음의 "나는 세상의 빛이니 나를 따르는 자는 어둠에 다니지 아니하고 생명의 빛을 얻으리라"(요 8:12)와 "내가 세상에 있는 동안에는 세상의 빛이로라"(요 9:5)라는 말씀을 떠올립니다. 예수님은 하나님의 나라를 선포하시며 세상의 빛으로 우리에게 오십니다. 이 빛은 바리새인들과 헤롯당으로 대변되는 정치와 종교의 합작 살해 모의(3:6)에도 불구하고, 예루살렘의 최고 권위를 등에 업은 율법학자들의 위협(3:22)에도 불구하고, 예수님을 죽이려 하는 헤롯 안티파스의 의지에도 불구하고(눅 13:31) 숨겨지거나 감추어질 수 없습니다. 예수님 시대까지 감춰졌던 것이, 율법과 선지자들에게 증거를 받은 율법 외의 하나님의 의가 마침내 예수 그리스도와 함께 세상에 나타났기 때문입니다(롬 3:21).

"너희가 무엇을 듣는가 스스로 삼가라."(4:24)

이제 공은 그 빛을 보고 빛의 말씀을 듣는 우리에게로 넘어옵니다. 우리는 듣는 것에 온 주의를 기울여야 합니다. 혹시라도 우리의 욕망으로 오해하지 않도록, 나에게 유리한 것만 취하지 않도록 극도로 주의해야 합니다. 결국 최후의 심판의 자리에서 그 헤아림으로 헤아림을 당할 것이기 때문입니다. 말씀을 들을 때에 다른 사람은 깊이 이해하는 반면 나는 그렇지 못한 현실은 그다지 중요하지 않습니다. 각자의 자리와 수준에서 최선을 다해 순전한 마음으로 들으려는 노력이 더 중요합니다. 마가는 자신의 달란트에 맞게 최선을 다해 상 받은 자들에 대한 마태복음 25장 29절의 말씀을 이 자리에서 확증합니다.

"있는 자는 받을 것이요 없는 자는 그 있는 것까지도 빼앗기리라."(4:25)

나머지 두 비유는 아예 하나님 나라에 관한 비유(4:26, 30)라고 명시돼 있습니다. 두 비유 모두 하나님의 나라를 자라나는 씨와 연관시킵니다. 다만 차이가 있다면 앞의 비유는 씨의 성장 과정과 관련이 있고, 뒤의 비유는 자라나는 씨의 규모와 관련이 있습니다.

등불의 비유에 이은 두 번째 비유에서 예수님은 마가복음 4장의 첫 비유처럼 땅에 씨 뿌리는 사람을 예로 드십니다. 농부가 뿌린 씨는 사람이 알지 못하는 사이 싹이 트고 자라납니다. 그리고 땅이 스스로 열매를 맺습니다. "땅이 스스로 열매를 맺되"(4:28)라는 구절에서 '스스로'에 해당하는 헬라어는 αὐτόματος아우토마토스입니다. 영어 automatic의 어원인 이 단어의 뜻은 '스스로'보다는 '저절로'에 더 가깝습니다. 사람이 알지 못하는 사이에 씨가 자라고, 땅이 저절로 열매를 맺는다는 것입니다.

하나님의 나라는 인간의 손길 없이 저절로 자라납니다. 결단과 폭력으로 하나님 나라를 앞당기려는 열심당원들도, 율법에 대한 철저한 순종으로 하나님 나라를 앞당기려는 바리새인들도 이 결정적인 사실을 놓치고 있습니다. 하나님의 일은 인간의 열정과 열심으로 완성되는 것이 아닙니다. 하나님의 섭리를 통해 하나님의 때가 무르익으면 그때 결실을 맺습니다.

인간이 최선을 다할지라도 최종적으로 자라게 하는 분은 하나님이며, 그렇게 하실 수 있는 분은 하나님 한 분뿐입니다. 진인사(盡人事)가 인간의 노력이라면 대천명(待天命)은 추수의 때를 기다리는 인간의 겸손함입니다. 사도 바울도 같은 생각을 했던 모양입니다.

"나는 심었고 아볼로는 물을 주었으되 오직 하나님께서 자라나게 하셨나니 그런즉 심는 이나 물 주는 이는 아무 것도 아니로되 오직 자라게 하시는 이는 하나님뿐이니라."(고전 3:6~7)

마지막 비유는 하나님 나라의 규모에 관한 은유요 상징입니다. 땅 위의 가장 작은 씨앗이 공중의 새들이 깃드는 아름드리 큰 나무가 됩니다. 이 비유에서 예수님은 지금 우리가 살아가는 이 세계와, 이 세계 속에 자리 잡은 교회의 모습을 미리 내다보고 계십니다. 그 옛날 척박한 팔레스타인 시골 땅에서 오해와 배척을 받으며 고작 몇 명과 함께 시작한, 미약하기 그지없던 예수님의 하나님 나라 선포는 이천 년이 지난 지금 공중의 새들이 깃드는 교회라는 큰 나무로 자랐습니다. 그러니 우리 가운데 시작된, 지금은 미약해 보이는 모든 하나님 나라의 사역 역시 분명 그리되될 것입니다.

"예수께서 이러한 많은 비유로 그들이 알아 들을 수 있는 대로 말씀을 가르치시더라."(4:33)

마가는 마지막으로 예수님의 비유 전체를 요약해 보도합니다. "이러한 많은 비유"는 마가복음 4장에서 언급한 네 개의 비유뿐 아니라 이외에도 말씀하신 모든 비유를 포함합니다. 마가는 사람들이 각자의 달란트대로 "들을 수 있는 대로" 예수께서 비유로 말씀하셨음을 다시금 언급하며 강조합니다. 예나 지금이나 비유가 하나님 나라의 신비가 될지, 뜻 모를 수수께끼가 될지는 이해력이 아니라 우리의 들음에 달려 있습니다.

PART 18

경계를 넘어서는 은혜

마가복음 4장 35~41절

마가복음 이야기는 이제 초반을 넘어 새로운 국면으로 접어듭니다. 4장 35절~8장 21절 단락은 하나의 주제로 엮을 수 있는데, 유난히 갈릴리 호수에서 배를 타고 다니는 이야기가 많이 나와 '배 여행 이야기'라는 제목을 붙일 수 있습니다.

배를 타고 갈릴리 호수를 건너는 것은 단순히 선교의 확장만을 의미하지 않습니다. 갈릴리 호수 건너편은 이방인들의 땅으로, 호수를 사이에 두고 하나님의 백성과 이교도 백성이, 구원받은 백성과 저주받은 백성이 대치하고 있습니다.

따라서 갈릴리 호수를 건너 저편 땅으로 가신 이야기는 예수님이 이방신들을 섬기는 사람들에게 나아가셨다는 뜻입니다. 구원에서 소외되고 구원을 거스르는 백성들 땅으로 예수님은 하나님의 사랑과 은혜를 선포하기 위해 나아가십니다. 하나님의 나라가 단 하나의 선택된 민족에게만 제한된 것이 아님을 전하기 위해 모든 선입견과 방해를 뚫고 경계를 넘어서십니다.

하나님께 선택받고 하나님과 계약을 맺은 이스라엘 백성은 당연하게도 자신들을 배타적이고 특권적인 구원의 백성으로 여겼습니다. 그리고 이에 걸맞게, 모든 민족을 창조하신 하나님과 특별한 계약을 맺은 백성이기에 종말에 있을 하나님의 왕국에서 뭇 민족들 위에 왕으로 군림하리라는 자부심이 가득 차 있었습니다.

물론 이방인들에게도 구원의 가능성은 열려 있었습니다. 하지만 여기에는 계약 백성 안으로 편입해야 한다는 조건이 있습니다. 혜택을 입기 위해서는 계약 안으로, 즉 여호와 하나님을 주님으로 고백하고 그의 백성 안으로 들어와야 합니다. 이때 편입의 증명이 되는 개종과 할례는 필수조건입니다. 그 외에 다른 구원의 길은 없습니다.

그런데 바로 이 자명한 상식을, 이 당연한 이치를, 예수님 스스로 뛰어넘으십니다. 앞으로 만날 이야기 속에서 예수님은 유대인과 이방인을, 남자와 여자를, 자유인과 노예를 구분하지 않고 차별 없이 내리는 하나님의 은혜와 사랑을 보여주십니다. 이것은 마치 하나님의 다음과 같은 말씀을 몸소 행동으로 보여주시는 것과도 같습니다. “너희가 내게 올 필요 없다. 내가 너희에게 가마!” 이처럼 ‘배 여행 이야기’(4:35~8:21)의 주제는 경계를 넘어서는 하나님의 사랑과 은혜이고, 이번 본문은 바로 그 이야기의 시작입니다.

선입견을 뛰어넘는 것이 얼마나 어려운 일인지 보여주는 상징이 바로 오늘의 광풍입니다. 엄청난 바람이 호수 저편으로 가시려는 예수님의 길을 가로막습니다. 호수는 바람에 요동치고 배는 깨어질 것 같습니다. 그러나 예수님은 그 와중에 고요히 주무십니다. 하나님의 계획은 반드시 실현됨을 믿는 자의 안온함이 그분의 잠 속에 들어 있습니다. 하지만 제자들은 다릅니다. 그들은 예수님을 원망하며 책임을 묻습니다.

“선생님이여, 우리가 죽게 된 것을 돌보지 아니하시나이까?”(4:38)

흥미롭게도 같은 이야기를 전하는 마태와 누가는 제자들의 태도를 미묘하게 다르게 전합니다. 이 장면에서 누가는 제자들이 예수님께 사정하는 것처럼 묘사합니다. "우리가 죽겠나이다."(눅 8:24) 마태는 사정에서 더 나아가 공손히 간청하는 것으로 묘사합니다. "주여, 구원하소서! 우리가 죽겠나이다."(마 8:25)

그런데 마가만 스승에게 불손한 제자들의 모습을 그립니다. 앞으로 계속 살펴보겠지만 마가는 제자들을 매우 부정적으로, 그러다 끝내는 모두가 예수님을 오해한 것으로 묘사합니다. 오늘의 사건은 그 모든 일의 전조인 셈입니다.

제자들의 원망을 들으신 예수님은 일어나 바다를 잠잠하게 하십니다. 그런데 여기서도 마가의 묘사는 마태, 누가와 다릅니다. 마태와 누가는 바람과 호수를 하나로 묶어 예수께서 둘 다 꾸짖었다고 묘사한 반면(마 8:26; 눅 8:24), 마가는 예수께서 바람만 꾸짖고 호수에게는 "잠잠하라, 고요하라"라고 말씀했다고 묘사합니다. 이 표현은 꾸짖음이 아니라 그만 진정하라는 위로처럼 들립니다.

마가복음에서 예수님이 꾸짖는 대상은 바람뿐입니다. 이 점이 의미심장한 이유는 바로 '꾸짖다'라는 뜻의 헬라어 ἐπιτιμάω에피티마오가 성경에서 특별하게 사용된 용례 때문입니다. 학자들은 신약의 ἐπιτιμάω와 그에 해당하는 구약의 히브리어 단어를 연구하여, 이 단어가 성경에서 특별히 귀신을 쫓을 때 전문적으로 사용된다는 사실을 밝혀냈습니다. 많은 성서학자가 본문의 광풍을 단순한 자연재해가 아니라 영적인 의미로 보는 이유가 바로 이 때문입니다.

그렇다면 예수님은 지금 영적인 방해를 받고 계신 것입니다. 하나님의 조건 없는 은혜에 대한 저항은 이처럼 강력합니다. 그러나 저항과 방해를 뚫고 예수님은 저편을 향해 항해하십니다.

“너희가 어찌 믿음이 없느냐?”(4:40)

제자들은 눈앞의 기적을 보고도 그분이 누구인지 알아채지 못합니다(4:41). 하나님에 대한 예수님의 신앙과 제자들의 불신앙이 대비됩니다. 그리고 제자들의 몰이해와 오해가 본격적으로 시작됩니다. 예수님이 말씀하신 비유의 표현을 빌리자면 내부인(內部人)으로 신비를 경험했던 그들이 이제 외인(外人)으로 밀려나기 시작합니다.

굳은 생각과 마음은 교회에도, 개인에게도 이렇게나 위험합니다. 그래서 끊임없이 조심하고 경계해야 합니다. 나도 모르는 사이에 외부인이 될 수 있기 때문입니다.

PART 19

보호 중독자

마가복음 5장 1~20절

이제 예수님은 경계를 넘어오셨습니다. 수많은 무덤과 돼지 떼, 이방인들의 땅답게 주위는 온갖 부정한 것으로 가득 차 있습니다. 이번에도 가버나움 회당의 구마 이야기처럼 '곧(εὐθύς)' '부정한 영 안에 있는 사람(a man in an unclean spirit)'(5:2)이 등장합니다.

그런데 이야기가 진행되는 내내 놀랍게도 제자들은 시야에서 사라집니다. 어쩌면 그들은 부정한 것들에 더럽혀질까 두려워 배에 머물러 있었는지도 모릅니다. 하지만 예수님은 홀로 용감하게 배에서 내리십니다. 그리고 유대 땅 가버나움의 회당에서처럼 이방 땅에서도 똑같이 구마를 행하십니다. 유대인들을 위한 첫 번째 사역이 구마였다면 이방인들을 위한 첫 번째 사역 역시 구마인 것은 당연한 귀결입니다.

거라사 귀신 들린 사람에 대한 묘사는 인간의 익숙한 심리를 상징적으로 보여줍니다. 그는 귀신에게서 힘과 보호를 얻고 있습니다. 귀신의 강한 힘으로 인해 그는 누구도 제지할 수 없을 만큼 강력하고 폭력적입니다. 하지만 동시에 부정한 영 안에서 모든 소통이 단절된 채 외로움

속에서 고통받고 있습니다. 무덤 사이에서 밤낮으로 소리 지르며 자해하는 모습은 하나님이 아닌 헛된 힘 – 그것이 돈이든 권력이든 사람이든 – 을 보호막 삼아 세상에서는 강해졌으나 철저하게 소외되어버린 인간의 비참한 모습을 보여줍니다.

그러던 그가 예수님의 등장에 위협을 느낍니다. 지금의 삶을 계속 영위하려면 도망가는 것이 상책이었을 텐데, 그는 오히려 멀리서 예수님께 달려옵니다(5:6). 그는 지금의 삶을 포기할 수도, 계속 살아갈 수도 없습니다. 절망에 빠진 채 분열된 자아 속에서 절규합니다. "지극히 높으신 하나님의 아들 예수여, 나와 당신이 무슨 상관이 있나이까? 원하건대 하나님 앞에 맹세하고 나를 괴롭히지 마옵소서!"(5:7)

원문과 비교했을 때 우리말 성경 번역에서 크게 문제되는 곳이 두 군데 있습니다. 첫 번째는 "원하건대 하나님 앞에 맹세하고 나를 괴롭히지 마옵소서"(5:7)라는 부탁처럼 들리는 구절입니다. 〈개역개정판〉 성경이 "맹세하고"로 번역한 헬라어 동사 ὁρκίζω호르키조는 '맹세하다'보다는 '명하다', '간청하다'의 뜻을 지니고 있습니다. 위의 문장과 같은 구문 형태를 지니고 같은 동사를 동일한 맥락에서 사용한 사도행전 19장 13절은 마가복음 5장 7절에 대한 올바른 번역을 제안합니다. 그것은 바울 흉내를 내며 구마를 시도했던 유대인 마술사들이 귀신을 향해 했던 말입니다. "내가 바울이 전파하는 예수를 의지하여 너희에게 명하노라!"(행 19:13)

이 번역은 ὁρκίζω를 제대로 번역한 문장으로, 우리는 이를 따라 마가복음 5장 7절을 바르게 번역하고 이해해야 합니다. 그리고 "하나님 앞에"라는 표현 역시 사도행전의 예를 따라 '하나님을 의지하여'로 번역해야 합니다. 그렇다면 적절하게 번역한 마가복음 5장 7절은 다음과 같습니다.

"하나님을 의지하여 당신에게 명하노니, 나를 괴롭히지 마시오!"

이것은 이상하고도 매우 놀라운 말입니다. 귀신 들린 거라사인이 귀신을 쫓아내려는 예수님을 오히려 귀신 취급하며 쫓아내려고 하는 모양새입니다. 심지어 하나님의 이름으로 하고 있습니다. 거라사인은 예수님의 구마를 적극 방해하고, 귀신과의 연대를 잃지 않으려고 애씁니다. 귀신과의 자발적 연대는 회당의 귀신 들린 사람이 그랬던 것처럼 귀신과 자신을 '우리'(5:9)로 부르는 모습에서 확인할 수 있습니다. 하지만 그의 분열된 자아와 고통을 알아채신 예수님은 귀신과의 분리를 계속 시도하십니다. 그에게 이름을 물으심으로써 현존재를 스스로 깨닫게 하십니다. "내 이름은 군대니 우리가 많음이니이다."(5:9) 그는 강하나 분열되었고 고통 가운데 있습니다.

더는 귀신과의 연대를 지속할 수 없음을 깨달은 사람은 다른 간구를 시작합니다. 충격적이게도 귀신들을 그 지방에서 내보내지 말아 달라고 간구합니다(5:10). 바로 이 대목에서 우리말 성경의 두 번째 번역 오류를 발견합니다. 〈개역개정판〉을 포함한 거의 모든 우리말 성경은 이 부분을 귀신들이 말한 것처럼 번역하여 '자기를' 내보내지 말라는 식으로 번역합니다. 그러나 이것은 결정적인 오류입니다. 헬라어 원문과 이를 따른 외국어 성경 번역들은 이 문장을 다음과 같이 번역합니다.

"그는(사람은) 그에게(예수께) 그들을(귀신들을) 그 지역 밖으로 내쫓지 말아 달라고 간청하였다(He begged him earnestly not to send them out of the region.-NRSV)."

이상하게도 사람이 귀신들을 위해 간구합니다. 왜일까요? 그 이유는 예수님이 떠나고 언젠가 다시 힘과 보호가 필요해질 때 귀신들 안으로 들어갈 가능성을 확보하기 위해서입니다. 하지만 예수님은 귀신들을 기어이 인간에게서 분리시키십니다. 12절에서 처음으로 귀신들이 예수님께 말을 겁니다. "우리를 돼지에게로 보내어 들어가게 하소서(Send us into the swine; let us enter them.-NRSV)." 예수님은 돼지에게로 들어가겠다는 그들의 청을 허락하십니다. 귀신들은 돼지 떼에게로 들어가고 돼지들은 바닷속으로 들어갑니다. 이때 바다가 상징하는 바는 혼돈의 근원입니다. 결국 부정한 영들은 부정한 돼지를 거쳐 부정의 근원으로 돌아갑니다. 예수님은 부정한 영들을 부정의 근원으로 돌려보내심으로써 혹시라도 있을 사람과 귀신의 연합 가능성을 원천적으로 차단하십니다.

그런데 이때 사람의 태도가 놀랍습니다. 사람은 또 다른 대체 은신처를 예수님에게서 발견하고자 했기 때문입니다. 예수님과 함께 있기를 간구했을 때(18), 그는 제자로 예수님을 따르려는 의도가 아니라 강력한 힘을 지닌 예수님으로 귀신을 대체하고자 했던 것입니다. 이것은 철저한 보호 중독자의 모습입니다.

그의 의도를 잘 아신 예수님은 청을 거절하십니다. 이 거절이 늘 자신을 따르라고 요청하신 예수님의 유일한 거절이라는 사실은 이 점을 분명히 합니다. 예수님은 사람을 위하여 자신을 보호해 줄 것 같은 힘에 스스로 복속하는 가능성을 원천적으로 차단해 버리십니다. 그리고 그에게 사명을 주심으로써 자립적인 주체로 변화하도록 이끄십니다.

"집으로 돌아가 주께서 네게 어떻게 큰 일을 행하사 너를 불쌍히 여기신 것을 네 가족에게 알리라."(5:19)

과연 그는 예수님의 말씀을 따라 데가볼리 전역에서 하나님의 권능을 전파합니다. 비로소 귀신에서 벗어나 온전한 자아를 회복한 것입니다. 안전한 종살이가 아닌 불안한 자유를 향해, 편안한 복종이 아닌 흔들리는 믿음을 향해, 보호 중독자가 아닌 단독자로, 마침내 하나님을 향해 홀로 서게 되었습니다. 이것이 은혜의 성격입니다.

PART 20

믿음으로 구원받은 두 여성

마가복음 5장 21~43절

거라사인의 귀신 문제를 해결하신 예수님은 다시 배를 타고 건너편으로 돌아가십니다. 유대인들의 땅이라서 그런지 제자들이 다시 모습을 드러냅니다. 호수 건너편에서 귀신을 쫓으신 예수님이 이번에는 병든 사람을 고치고 죽은 사람을 살려내십니다. 회당장 야이로의 딸을 살리신 이야기와 혈루증(血漏症), 즉 하혈로 고통받는 여인을 치유하신 이야기가 '샌드위치 구조'로 전개됩니다.

병자인 두 사람은 여러 면에서 공통점이 있습니다. 먼저 모두 여성입니다. 예수님의 처음 치유 대상이 베드로의 장모였던 것을 떠올려보면 마가복음은 유달리 여성들에게 임하는 하나님의 은혜를 중요하게 생각하는 것 같습니다. 특별히 두 여성에게 '딸'이라는 표현을 사용했는데(5:34, 35), 이는 모두 하나님의 소중한 딸이라는 뜻입니다. "남자나 여자나 다 그리스도 예수 안에서 하나"(갈 3:28)라는 바울의 신학이 마가복음에서는 이렇게 이야기 형태로 고스란히 펼쳐집니다. 12년이라는 시간도 두 사람의 공통점입니다. 야이로의 딸은 열두 살이고, 혈루증으로 고통받는 여인은 열두 해 동안 병을 앓았습니다. 소녀의 전체 생애가 여인의 병력과 일치합니다. 12년의 시간 속에서 소녀는 육체적으로 죽어가고 여인은 영적으로 죽어갔습니다.

혈루증에 걸린 여인의 상태를 영적인 죽음이라 칭하는 이유는 병의 성격과 관련이 있습니다. 피가 멈추지 않는 병으로 인해 여인은 부정(不淨)함에 노출되었습니다. 구약성경이 "만일 여인의 피의 유출이 그의 불결기가 아닌데도 여러 날이 간다든지 그 유출이 그의 불결기를 지나도 계속되면 그 부정을 유출하는 모든 날 동안은 그 불결한 때와 같이 부정하니라"(레 15:25)라고 말하기 때문입니다.

이어지는 구절에서는 여자 자신만 부정할 뿐 아니라 그 여자가 눕는 자리, 앉은 자리, 그것들을 만지는 사람도 다 부정해진다고 설명합니다. 혈루증에 걸린 여인은 그녀와 접촉하는 모든 것이 부정해지는 병에 걸린 것입니다. 다시 말하지만 여기서의 부정은 윤리적인 개념이 아니라 철저하게 제의적인 개념입니다. 그리고 율법에 따르면 부정한 사람은 거룩하고 정결한 하나님께 나아갈 수 없기에, 부정함은 하나님과의 단절도 의미합니다. 하지만 이 단절은 대체로 한시적입니다. 어느 정도 시간이 지나면 다시 해제되기 때문입니다. 부정함이 해결되면 누구든 다시 하나님께 나아갈 수 있습니다.

그런데 이런 맥락에서 보면 혈루증에 걸린 여인은 매우 특별하고도 비참한 상황에 처한 것입니다. 이런 상황이 무려 12년 동안이나 계속되었고, 그 긴 세월 동안 그녀는 성소에 가지 못했고, 성소에서 그 어떤 위로나 보살핌도 받지 못했습니다. 또한 사람들에게서 소외당한 채 철저히 고립되었습니다.

육체의 질병으로 죽어가는 소녀와 육체의 고통을 넘어 영으로도 죽어가던 여인 모두 절망적입니다. 인간적으로는 그 어떤 희망도 제공할 수 없는 상황입니다. 바로 이 상황 속으로 예수님이 들어오십니다. 이때 이야기에 주요하게 등장하는 두 개념이 있는데, '구원'(5:23, 28, 34)과 '믿음'(5:34, 36)입니다. 두 여성 모두 인간의 힘을 넘어선 구원이 필요하고, 믿음은 구원을 가능케 하는 가장 본질적인 요소입니다.

마가는 하나님의 구원이 하나님의 일방적인 절대 의지로 일어난다고 말하지 않습니다. 오히려 하나님의 구원에는 인간의 믿음이 필요하다고 말합니다. 즉 구원은 하나님의 사랑과 인간의 믿음, 이 둘의 협업을 통해 일어나는 기적입니다. 따라서 본문에서의 믿음은 궁극적으로 인간 예수의 능력에 대한 믿음이 아닌 하나님을 향한 믿음입니다.

우리는 예수님이 야이로나 혈루증 걸린 여인에게 "나를 믿으라"라고 하지 않으셨음을 가볍게 보아서는 안 됩니다. 자신의 옷에 손을 대어 치유받은 여인에게 예수님은 "나에 대한 네 믿음이 너를 구원하였다"가 아니라 "네 믿음이 너를 구원하였다"라고 선언하십니다(5:34). 회당장 야이로에게는 "나를 믿기만 하라"가 아니라 단지 "믿기만 하라"라고 격려하십니다(5:36).

이때 예수님이 말씀하신 '믿음'의 대상은 명백하게 하나님이십니다. 예수님은 사람들로 하여금 자신의 능력이 아니라 그 능력의 근원이신 하나님을 바라보도록 인도하십니다.

다른 복음서들과 달리, 특히 "하나님을 믿으니 또 나를 믿으라"(요 14:1)라며 자신에 대한 믿음을 요구하는 요한복음과 달리, 마가복음에서의 예수님은 그 어떤 경우에도 "나를 믿으라"라고 요청하지 않으십니다. 마가복음은 처음에 읽은 바와 같이 하나님의 아들이신 예수님을 하나님의 '사자'(1:2) 역할을 충실히 수행하는 분으로 묘사합니다. 하나님과 인간 사이에 서서, 예수님은 어떻게든 사람들의 관심과 믿음이 하나님을 향하도록 애쓰십니다. 앞선 거라사 귀신 이야기에서 자신과 함께 있겠다는 거라사인의 청을 거절하고 하나님을 향하도록 이끄셨던 것도 그런 이유에서였습니다.

영과 육이 죽어가던 여성들이 믿음을 통해 하나님의 구원을 경험합니다. 이것으로 진리의 교훈은 다시 분명해집니다. 인간의 눈에 죽어 있는 것이 하나님의 눈에는 그렇지 않다는 사실을, 단지 잠들어 있을 뿐 믿음을 통해 언제든 다시 생명으로 솟아날 수 있다는 사실을 기억해야 합니다.

끝으로 부차적이긴 하나 우리는 회당장 야이로의 용기에 대해 생각해 볼 필요가 있습니다. 회당장으로서 예수님을 자기 집으로 모셔 오는 일이 그에게는 결코 쉬운 일이 아니었을 것입니다. 유대교 회당에서 안식일 계명 해석에 도전한 일로 예수님은 정죄됐고, 바리새인들은 그를 죽이기로 결의한 상태였습니다(3:6). 야이로가 이를 몰랐을 리 없고 이 결의에도 동조했을 것입니다.

하지만 사랑하는 딸을 위해 야이로는 회당장으로서의 체면과 조직의 결정을 무시하고 예수님을 영접합니다. 어쩌면 이 일로 인해 야이로는 이후 큰 곤란을 겪었을 것입니다. 야이로는 믿음과 구원의 길에서 때때로 버림받을 용기가 필요하다는 사실을 우리에게 보여줍니다.

PART 21

걸려 넘어져도, 사명은 계속된다

마가복음 6장 1~13절

예수님이 제자들과 함께 고향을 방문하십니다. 그에 대한 소문이 고향까지 퍼진 터라 사람들은 회당에서 기대감을 가지고 예수님께 자리를 내줍니다. 그리고 소문대로인 예수님의 가르침에 경탄을 금치 못합니다. 하지만 유감스럽게도 이 경탄은 하나님에 대한 믿음으로 이어지지 않습니다. 눈앞의 인간적인 관계들이 눈을 가렸기 때문입니다.

이야기 속에서 예수님의 가족관계와 가족의 이름이 처음으로 거론됩니다. 어머니 마리아, 형제인 야고보와 요셉과 유다와 시몬, 그밖에 이름이 언급되지 않은 자매들도 있습니다. 더불어서 '목수'라는 예수님의 직업도 거론됩니다. "마리아의 아들"(6:3)이라는 호칭은 아버지 요셉이 오래전 세상을 떠났으리라는 정황도 알려줍니다.

고향 사람들에게 예수는 어려서부터 보아 왔던, 자신들이 잘 알고 있다고 여기는 사람이었습니다. 하지만 속속들이 다 안다는 선입견이 하나님께로 향하는 믿음의 길을 가로막습니다. 그래서 그들은 예수님을 배척합니다(6:3). '배척했다'라는 다소 의역에 치우친 번역과 관련하여 우리말 성경은 각주를 통해 원문에 충실한 대안을 소개합니다.

"예수로 말미암아 실족한지라."

'실족하다'에 해당하는 헬라어는 '걸리게 하다', '넘어지게 하다'를 뜻하는 σκανδαλίζω스칸달리조입니다. 이 단어는 우리가 사용하는 '스캔들'의 어원이기도 합니다. 즉, 예수님은 고향 사람들에게 스캔들이었습니다. 예수님에 대한 가족들의 몰이해(3:21)와 제자들의 몰이해(4:40)는 이제 고향 사람들의 몰이해로 이어집니다.

우리는 기적과 은혜에 대한 감동과 놀라움이 믿음으로 이어질 수 있지만, 반대로 의심과 불신으로 이어질 수 있다는 사실을 보게 됩니다. 이미 알고 있다는 선입견과 자만은 하나님께로 이르는 길에 걸림돌이 되어 우리를 넘어지게 만듭니다. 신앙의 여정을 걸어갈 때 항상 우리의 무지를 고백하며 겸손해야 하는 이유가 여기에 있습니다. 그것이 무엇이든, 잘 알고 있다는 생각은 반드시 진리를 가로막습니다.

예수님은 사람들의 불신에 놀라십니다(6:6). 믿음이 없는 곳에서는 구원이 일어나지 않습니다. 결국 예수님은 고향에서 권능을 행하지 못하십니다. 오직 소수만 고치셨다고 성경은 전합니다.

하지만 우리는 전반적인 실패 속에서도 소수가 고침받았다는 사실에 주목해야 합니다. 지독한 불신의 환경에서도 믿음을 가진 소수는 언제나 존재합니다. 하나님을 사랑하는 사람이 자기밖에 없다고 한탄하는 엘리야에게 하나님은 바알에게 무릎 꿇지 않은 사람이 칠천 명이나 있다고 말씀하셨습니다(왕상 19:18). 이처럼 아무도 없는 것처럼 보여도 믿음의 소수는 반드시 있습니다.

고향에서의 실패는 절망으로 끝나지 않고 다른 마을들을 향한 활발한 전도로 이어집니다. 하나님의 기쁜 소식을 위한 발걸음은 결코 실패한 과거에 붙들리지 않습니다.

예수님은 열두 명의 제자(3:14)를 처음으로 파송하십니다. 그들에게 더러운 귀신, 즉 부정한 영들(unclean spirits)에 대한 권세를 주시며 거룩한 영의 임재를, 하나님 나라의 도래를 선포하게 하십니다. 제자들은 자신들이 보고 배웠던 예수님의 행적을 그대로 따라 합니다. 그들은 마가복음이 전하는 예수님 사역의 가장 중요한 세 가지 축, 선포와 치유와 구마를 예수님과 동일하게 수행합니다(6:12~13).

우리말 성경에서 '여행'(8)으로 번역한 헬라어 원문은 '길'입니다. 길을 뜻하는 헬라어 ὁδός호도스는 '길' 외에 동양인들에게 익숙한 '도(道)'로도 번역됩니다. 신약성경에 등장하는 '하나님의 도'(12:14), '십자가의 도'(고전 1:18)에서의 '도'가 바로 ὁδός입니다. 우리는 이 '길'이라는 단어가 마가복음 전체의 신학과 내용을 보여주는 첫 장에서 결정적인 의미로 사용되었음을 살펴보았습니다. 이후에도 '길'은 특별히 제자도(道)를 주제로 하는 단락에서 의미심장하게 사용됩니다.

예수님의 보내심은 단순한 여행이 아니라 길을 위한 것이었습니다. 제자들은 하나님께로 이르는 길을 내기 위해 길로 들어섰고, 예수님은 길 위의 삶에 대한 구체적인 지침을 내려주십니다.

전도(傳道)를 위한 삶, 즉 길을 전하는 삶은 몸가짐과 마음가짐이 가벼워야 합니다. 보호를 위한 최소한의 장비, 여분 없이 하루하루를 하나님께 맡기는 단출함이 요구됩니다. 이것은 오직 일용할 양식만 구하며 사는 주기도문의 삶입니다. 두 벌 옷은 구체적으로 속옷을 의미합니다. 속옷을 두 벌씩 껴입는 것은 부자나 가능했다고 합니다. 나중에 예수님은 "부자는 하나님 나라에 들어가지 못한다"라고 말씀하십니다.

마지막으로 가벼운 마음가짐에는 결과에 마음 쓰지 않는 간결함과 단순함이 포함됩니다. 흔히 전도받은 사람이 교회에 나오면 그것을 전도의 성공으로 생각하며 전도자를 치하하곤 합니다. 하지만 전도는 말

그대로 도를 전하는 것입니다. 도를 전하는 데까지가 전도자의 사명이고, 도를 전했다면 성공한 것입니다.

성과에 연연하지 말고 발아래 먼지를 떨어버리라는 말씀은 성과에 연연하는 우리의 모습을 돌아보게 합니다. 전도의 성공은 도를 전하는 데까지이며, 회심과 구원은 하나님의 몫입니다.

PART 22

데자뷔

마가복음 6장 14~29절

예수님의 사역 이야기가 잘 진행되다가 갑작스럽게 맥이 끊기고 새로운 세례 요한의 이야기가 끼어듭니다. 비교적 길게 소개되는 세례 요한의 이야기는 흐름상 다소 뜬금없어 보입니다.

세례 요한은 마가복음 첫 장에서 예수님의 선구자로 잠시 모습을 드러냈습니다. 마가는 예수님이 요단강에서 요한에게 세례를 받으셨으며(1:9~13), 요한이 잡힌 후에 갈릴리로 가서 하나님의 복음을 전파하셨다고(1:13~14) 전합니다. 붙잡힌 세례 요한이 어떤 일을 겪었는지 바로 얘기할 만도 한데, 마가는 예수님의 사역이 한창 진행되는 이 시점에서야 미루어두었던 요한의 이야기를 전합니다.

체포된 세례 요한은 결국 헤롯 왕에 의해 처형을 당합니다. 신약성경에는 여러 명의 헤롯이 등장합니다. 이 중 예수님의 생애와 관련 있는 헤롯은 세 명입니다.

첫 번째 헤롯은 '헤롯 대왕'(BC 37~4)이라 불렸던, 예수님이 태어날 당시 이스라엘 영토 전체를 다스리던 에돔 출신의 로마 봉신 군주입니다. 그는 마태복음에서 동방박사들을 만나고 유아 살해를 명령했으며, 유대인들의 환심을 사기 위해 예루살렘 성전을 증축했던 인물입니다. 그가 죽은 후 이스라엘은 네 지역으로 분할되어 통치됩니다.

다음으로 등장하는 두 번째 헤롯인 '헤롯 아켈라오'는 헤롯 대왕의 아들로, 유대와 사마리아와 이두매를 다스렸던 분봉왕(또는 사분왕)입니다(마 2:22). 그런데 이 헤롯 아켈라오는 통치 초기에 로마로부터 파면당했고, 이후로 로마에서 파견한 총독이 그의 영지를 다스리는데 바로 그가 빌라도입니다. 이런 이유로 헤롯 아켈라오는 복음서에 그다지 존재감이 드러나지 않습니다.

마지막 세 번째 헤롯이 바로 본문의 주인공인 '헤롯 안티파스'(BC 4~AD 39)입니다. 아켈라오처럼 헤롯 대왕의 아들이었던 헤롯 안티파스는 갈릴리와 베레아를 다스렸던 분봉왕입니다. 예수님이 주로 활동하신 갈릴리를 다스리고 세례 요한을 처형한 왕이 바로 이 헤롯이 안티파스입니다.

세례 요한과 헤롯의 갈등은 안티파스가 이복동생 빌립과 이혼한 헤로디아를 아내로 맞은 사건이 계기였습니다. 사실 이 행동은 당시 로마법상으로는 문제 될 것이 없었습니다. 하지만 유대교 율법에 따르면 형제의 아내를 아내로 맞아들이는 경우는 형제가 죽었을 때뿐입니다. 형제가 살아있는 한, 그것이 아무리 로마법으로 합법적이라 해도 유대교 율법에서는 금지된 일이었습니다(레 18:16, 20:21). 하지만 헤롯은 자신의 재혼을 비판한 세례 요한을 고깝게 여겼음에도 죽이지 않았습니다. 적어도 그는 선지자를 두려워할 줄 알았습니다.

그러나 전남편 빌립과 이혼하고, 헤롯 안티파스로 하여금 아내를 내쫓고 자신과 재혼하게 만든 헤로디아에게는 세례 요한이 눈엣가시였습니다. 이에 헤로디아는 자신의 아름다운 딸을 이용합니다. 딸의 춤으로 헤롯의 마음을 녹인 뒤, 그 기회를 이용해 마침내 세례 요한을 처형합니다. 다소 궁중야사와도 같은 이야기와 다르게, 이스라엘 역사가인 요세푸스는 백성들에 대한 세례 요한의 영향력이 두려워 헤롯이 체포와 처형을 감행했다고 전합니다. 요한의 영향력 아래 일어날 폭동의 가능성을 봉쇄하기 위해서였다는 것입니다. 아마도 요세푸스가 전하는 정치적 의도가 사실에 좀 더 가까울 것입니다. 어쨌든 세례 요한은 처형을 당했고, 스승의 사망 소식을 들은 제자들은 스승의 시신을 수습하고 매장합니다.

세례 요한의 죽음이 예수님의 사역 이야기 중간에 담긴 이유는, 그의 죽음이 앞으로 닥칠 예수님의 죽음을 암시하기 때문입니다. 세례 요한의 죽음은 예수님 죽음의 데자뷔입니다.

두 사람의 죽음에는 공통점이 많습니다. 두 사람 모두 하나님의 길을 선포하다 죽음을 맞이하고, 공권력에 의해 체포되고 처형됩니다. 또한 정당한 재판이 아닌 속임수와 사기로 처형이 결정됩니다. 헤로디아는 딸로 술수를 부려 세례 요한을 죽이고, 유대교 지도자들은 거짓 증언과 선동으로 예수님을 죽입니다. 판결의 전권을 지닌 자들의 우유부단함 역시 공통점입니다. 헤롯은 요한이 의롭고 거룩한 사람임을 알면서도 동석한 고관들의 눈치를 살피며 불의한 명령을 내립니다. 빌라도는 예수님께 죄가 없다는 사실을 알면서도 백성들의 눈치를 보고 불의한 판결을 내립니다. 두 사람은 신념을 따르기보다 주변의 시선을 의식하고 번민하기는 하나, 결국 양심이 아닌 대세를 따릅니다.

세례 요한의 처형과 관련하여 역사가 요세푸스의 견해를 따른다면 중요 인물로 인해 폭동이 일어날지도 모른다는 판결자의 두려움 역시 공통적인 상황입니다. 이처럼 마가는 세례 요한의 처형 이야기를 통해 미래에 벌어질 예수님의 죽음이 어떤 모습일지 넌지시 알려줍니다.

예수님의 사역이 성공적으로 확장하는 것처럼 보이는 시점에서 죽음의 그림자를 드리운 것입니다.

마가는 예수님의 최후가 하나님의 또 다른 사명자인 세례 요한과 크게 다르지 않지만, 동시에 두 죽음 사이에 커다란 차이점이 있다는 사실도 미리 알려줍니다. 세례 요한이 처형당했을 때 그의 제자들은 스승의 시신을 수습하여 정중하게 매장합니다. 반면 예수님의 최후를 아는 우리는 예수님의 죽음 앞에서 그의 제자들이 어떻게 행동했는지 잘 압니다. 그들은 시신을 수습하기는커녕 도망가고 숨어있기에 바빴습니다. 제자들의 상반된 태도는 예수님의 죽음에 더욱 진한 비참함과 외로움을 드리웁니다.

PART 23

빵, 은혜의 상징

마가복음 6장 30~44절

전도를 마친 사도들이 돌아옵니다. 예수님은 고생한 그들이 편히 쉬도록 배를 타고 한적한 곳으로 이동하십니다. 그런데 예수님 일행을 발견한 무리가 도착지에 미리 달려갑니다. 선한 목자이신 그리스도는 목자 없는 양 같은 이들을 불쌍히 여겨 하나님의 말씀을 전하십니다.

'불쌍히 여기는 마음'은 예수님의 모든 사역의 동기를 한마디로 압축합니다. 예수님이 보여주시는 긍휼은 하나님의 본질을 체현합니다. 하나님은 긍휼의 하나님이시라는 것입니다. 지금 우리에게는 당연하고 익숙한 '긍휼하신 신'이라는 관념이, 종교사적으로는 그 당시에 매우 파격적인 신관(神觀)이었습니다. 고대의 신관에 따르면 신들은 언제나 분노로 인간을 징벌하는 절대적인 권력자였습니다. 그런데 이스라엘의 신은 특이하게 스스로를 불쌍히 여기는 신으로 계시한 것입니다.

'불쌍히 여기다'를 뜻하는 헬라어 σπλαγχνίζομαι스플랑히니조마이의 어근은 '창자' 혹은 '내장'입니다. 고대인들에게 창자와 내장은 감정을 담당하는 기관으로, 한국인들이 사용하는 '애끊다', '애끓다', '애타다'

등에서 '애'가 창자나 쓸개, 간을 뜻하는 것과 비슷합니다. 따라서 한국인들은 '불쌍히 여기시는 하나님'을 '애가 타시는 하나님', '애끓는 마음의 하나님'으로 이해할 수 있습니다.

예수님의 애끓는 마음이 굶주린 자들에게 빵을 베푸는 기적으로 나타납니다. 보상이나 대가가 아닌 거저 주어지는 생명의 빵에서 우리는 이스라엘 백성이 40년 광야 생활에서 먹었던 만나를 떠올립니다. 35절에서 '빈 들'로 번역된 ἔρημος에레모스는 마가복음 1장 3~4절에서처럼 자주 '광야'로 번역되는 단어입니다. 생명의 빵이 광야에서 목자 없는 양처럼 방황하는 무리에게 주어집니다. 빵은 명백한 은혜의 상징이고, 은혜는 값없이 주어지는 하나님의 사랑입니다.

그런데 우리가 받은 은혜 가운데 가장 큰 은혜는 단연코 예수 그리스도의 죽음을 통해 얻은 새 생명입니다. 놀랍게도 오병이어(五餠二魚)의 이야기에서 우리는 그리스도의 죽음을 기념하는 성만찬의 모티프를 함께 발견합니다. 빵과 물고기를 나누기 전, 예수님은 먼저 하나님을 향한 의례를 행하고서 나누어 주셨습니다. 마가는 이것을 다음과 같이 묘사합니다. "예수께서 떡 다섯 개와 물고기 두 마리를 가지사, 하늘을 우러러 축사하시고, 떡을 떼어, 제자들에게 주어, 사람들에게 나누어 주게 하시고 또 물고기 두 마리도 모든 사람에게 나누시매."(6:41)

여기서 주목할 것은 이 문장을 구성하는, 빵과 관련한 주요 동사들입니다. 가지다(take) - 축사/축복하다(thank) - 떼다(break) - 주다(give), 이는 예수님의 성만찬에서 반복되는 동사들입니다.

"그들이 먹을 때에 예수께서 떡을 가지사(take), 축복하시고(thank), 떼어(break), 제자들에게 주시며(give), 이르시되 받으라 이것은 내 몸이니라 하시고."(14:22)

마가는 오천 명을 먹이신 기적 이야기에 의도적으로 성만찬 요소들을 삽입합니다. 성만찬의 의미는 '빵을 부수다(break)'라는 표현에서 도 확인됩니다. '떼다'라는 우리말 번역은 '빵'을 '떡'으로 번역한 후의 어쩔 수 없는 결과물입니다. 찰진 떡을 부술 수는 없으니 말입니다. 하지만 헬라어 원문은 분명하게 '부수다'의 뜻을 지닌 동사를 사용합니다. 이것은 점도가 없는 빵, 즉 누룩 없는 유월절의 무교병(無酵餠)을 묘사하는 방식입니다. 오병이어 이야기에 등장하는 빵은 명백하게 성만찬의 빵을 가리킵니다.

이처럼 오병이어의 기적은 값없는 은혜의 상징인 만나의 모티프와, 궁극적 은혜의 근원인 그리스도의 죽음이 내포된 성만찬의 모티프를 함께 포함합니다. 최후의 만찬에서 성만찬 예식을 제거하고 세족식만 소개한 요한복음은 두 모티프를 오병이어 기적 속에 명시적으로 언급합니다. 요한은 예수님을 하늘에서 내려온 만나, 즉 생명의 빵으로 소개하며(요 6:31~35), 생명의 빵인 자신의 살을 먹고 자신의 피를 마시라는 예수님의 말씀을 통해 성만찬과 연결시킵니다(요 6:48~58).

이처럼 모든 복음서 기자는 오병이어의 기적이 성만찬과 연결돼 있음을 잘 알고 있었습니다. 성만찬 예식을 구성하는 단어들을 오병이어 기적에 사용함으로써, 마가는 값없이 주어지는 은혜의 성격을 분명하게 드러냅니다. 이와 더불어 우리는 제자들의 무지와 오해를 다시 경험합니다(6:37). 바다의 폭풍을 잠재울 수 있는 분이 곁에 있는데도, 그들은 오로지 돈 걱정뿐입니다.

먹고 남은 음식을 거둔 바구니가 열두 바구니이고, 떡을 먹은 사람은 남자 오천 명이었다고 마가는 전합니다. 12라는 숫자는 이스라엘 지파와 관련됐다는 인상이 들고, 남자만 거론한 셈 또한 유대인들의 방식을 떠올리게 합니다. 이스라엘적인 숫자와 셈 방식의 의미는 앞으로 만날 또 다른 기적 이야기(8:1~10)에서 더 분명하게 드러납니다.

PART 24

신의 현현

마가복음 6장 45~56절

바다 위를 걸으신 예수님의 기적을 학자들은 '현현(顯現, epiphany) 기적'이라고 부릅니다. 예수님이 신적인 모습을 드러내셨다는 뜻입니다. 이렇게 부르는 이유는 단순히 초자연적 능력의 행사 때문이 아닙니다. 신적 현현의 기적으로 분류할 만한 가장 중요한 근거는 뜻밖에도 "안심하라 내니 두려워하지 말라"(6:50)라는 구절 안에, 정확하게는 "안심하라"와 "두려워 말라" 사이에 있는 "나다(내니)"라는 표현에 있습니다.

"나다"의 헬라어 원문은 ἐγώ εἰμι에고 에이미입니다. 'I am'에 해당하는 ἐγώ εἰμι는 영어처럼 뒤에 어떤 단어가 오면 '나는 ~이다'라는 뜻이 됩니다. 하지만 특정한 단어 없이 ἐγώ εἰμι로만 쓰일 때는 본문처럼 '나다'라는 뜻으로도 사용됩니다. 그러나 이런 단순한 용례를 넘어 ἐγώ εἰμι는 구약성경에서 엄청난 신학적 의미를 지닙니다. ἐγώ εἰμι는 그 자체로 하나님의 이름을 뜻하기 때문입니다.

가장 먼저 떠오르는 대목은 하나님이 모세에게 자신의 이름을 계시하시는 부분입니다.

"나는 스스로 있는 자이니라."(출 3:14)

이 말의 히브리어 원문은 언어 구조상 우리말로 번역하기가 매우 까다롭지만, 영어로는 그나마 적절하게 "I am that I am"으로 번역됩니다. ἐγώ εἰμι의 흔적이 발견되는 대목입니다. 하지만 하나님의 이름과 관련된 더 확실한 증거는 이사야서에 있습니다. 이사야 43장 25절의 "나 곧 나는…"으로 시작되는 히브리어 원문을 구약성경의 헬라어 번역인 〈칠십인역〉(Septuaginta)은 다음과 같이 번역합니다.

"ἐγώ εἰμι 'ἐγώ εἰμι'(I am 'I am')."

예수님 당시, 특히 팔레스타인 밖에서 살던 디아스포라 유대인들은 사어(死語)가 된 히브리어 구약성경 대신 이를 헬라어로 번역한 〈칠십인역〉을 사용하고 있었습니다. 그런 그들에게 ἐγώ εἰμι는 거룩한 하나님의 이름으로 기능했습니다.

헬라어로 기록된 신약성경 중에서 ἐγώ εἰμι의 신학적 용례를 적극 차용한 책이 요한복음입니다. 예수님이 유대인들에게 자신의 정체에 대해 말씀하시며 "내가 그인 줄"(요 8:24, 28)이라고 하셨는데, 이 헬라어 원문이 바로 ἐγώ εἰμι입니다. 또 예수님은 자신을 잡으러 온 사람들에게 "내가 그니라"(요 18:5, 6, 8)라고 말씀하시는데, 이 원문 역시 짐작대로 ἐγώ εἰμι입니다. 마가와 달리 요한은 예수님이 하나님과 동일한 분임을 공생애 서술에서 강조하면서 ἐγώ εἰμι라는 신명(神名)을 적극적으로 활용합니다.

그러므로 바다 위를 걸으신 기적은 단순히 예수님의 초자연적 능력의 발현이 아니라 신으로서의 현현을 보여주는 사건입니다. 마가는 사람들의 오해를 피하고자 예수님이 자신의 신적 정체를 극도로 드러내지 않으셨음을 여러 차례 강조합니다. 그런 예수님이 아주 드물고 특별하게 자신의 본모습을 가까운 제자들에게 계시하신 것입니다. 그러나 마음이 둔해져 외인(外人)이 되어버린(4:11) 제자들은 그 계시를 알아채지 못합니다. 예수님을 보고도 유령을 보았다고 믿습니다. 경배와 찬양 대신 경악과 비명만 내지릅니다(6:49).

배를 타신 예수님은 건너편으로 가셔서 소문을 듣고 몰려온 병자들에게 자신을 나타내십니다. 특이하게도 병자들은 혈루증에 걸린 여인처럼 예수님의 옷 가에 손을 대어 치유받습니다. 하지만 둘 사이에 차이점이 있습니다. 혈루증에 걸린 여인은 예수님의 겉옷(5:27)을 만진 반면에 병자들은 겉옷의 가장자리(막 6:56)를 만졌습니다. '옷 가'로 번역된 단어는 정확하게 '옷 술'을 가리킵니다. 율법의 계명에 따라 유대인들은 흰 실과 푸른 실을 꼬아 옷자락 네 귀퉁이에 옷 술로 달았습니다(신 22:12; 민 15:37~39). 율법은 옷 술의 기능을 이렇게 설명합니다.

"이 술은 너희가 보고 여호와의 모든 계명을 기억하여 준행하고 너희를 방종하게 하는 자신의 마음과 눈의 욕심을 따라 음행하지 않게 하기 위함이라."(민 15:39) 즉, 옷 술은 그것을 보는 사람이 하나님의 계명을 상기하여 악행을 제어하도록 하기 위한 것입니다.

그렇다면 오늘날 예수님의 옷 술 역할을 하는 것은 무엇일까요?

하나님의 계명을 상기시키고 악행을 제어하게 만드는 것, 그것은 바로 교회입니다. 교회는 그리스도의 옷 술입니다. 교회는 세상에게 하나님의 계명을 상기시키고, 예수께로 다가오는 모든 이가 치유받도록 그리스도와 연결시켜 주는 통로가 되어야 합니다. 하나님의 긍휼이, 애타는 마음이 흘러가 닿도록 하는 통로 말입니다. 만일 하나님의 치유가 흐르지 않는다면 교회는 옷 술로서의 사명을 다하지 않는 것입니다. 교회가 예수 그리스도의 옷 술 역할을 잘 감당하도록 우리는 늘 주의 깊게 살펴야 합니다.

PART 25

형식과 본질

마가복음 7장 1~23절

바리새인들과 서기관들이 등장하면서 한동안 잠잠했던 논쟁이 다시 시작됩니다. 특별히 복음서는 서기관들을 예수님의 주요 대적자로 묘사합니다. 그들은 예수님의 죽음에도 깊이 관여합니다. 율법학자로도 불리는 서기관들이 주요 대적자라는 사실은 예수님의 죽음이 대제사장들의 정치적 계산보다는 율법의 해석과 관련이 있음을 보여줍니다.

율법 해석과 관련한 예로 안식일 계명을 들 수 있습니다. "안식일을 거룩하게 지키라"라는 짧고 단순한 율법 명령을 받은 이스라엘은 이를 복잡한 삶의 정황에서 어떻게 적용하고 실현할 것인지 연구하고 그에 따른 규칙과 세부 실천 강령을 만들 필요가 있었습니다. 그 어려운 작업을 한 이들이 바로 서기관들입니다.

서기관들은 모든 경우의 시행착오를 겪으며 규칙들을 조정하고 개정하여 현재의 규칙들을 만들었습니다. 그렇게 세워진 규정들은 '장로들의 전통'으로 불리며 유대인들의 삶에서 율법과 동일한 권위와 효력을 가졌습니다. 그런데 오랜 역사와 고민의 산물인 율법 해석에 예수님이 도전하신 것입니다. 그러니 서기관들이 도발적이고 위험하다고 생각할 만합니다.

흥미롭게도 마가는 오병이어의 기적에 등장했던 '빵'을 이야기에 끌어들이며 논쟁을 시작합니다.

첫 번째 논쟁은 씻지 않은 손으로 빵을 먹은 제자들 때문이었습니다. 외출에서 돌아온 후 손이나 몸을 씻거나 그릇을 씻는 행위는 본질적으로 위생이 목적이 아니라 정결 규정을 실천하는 제의적 행동이었습니다. 본문에서 "부정한 손"(7:2, 5)으로 번역한 표현을 헬라어 원문으로 보면 '보통(common) 손' 또는 '속된(profane) 손'을 의미합니다. '더럽게 하다'(7:15, 16, 18, 20, 23)라는 동사 역시 앞의 표현과 같은 어원으로, 정확히 '속되게 하다'라는 뜻입니다. 그러니 논쟁의 주제는 거룩함과 대조되는 속됨입니다. 밖에서 속된 것에 닿아 부정해졌을지도 모를 몸을 씻음 예식으로 거룩하게 했어야 합니다. 그런데 예수님의 제자 중 몇이 이 예식을 무시하고 빵을 먹은 것입니다.

현실 규정에 따른 비난은 정당했을지 모르나, 예수님은 형식에 매몰된 본질의 훼손을 꿰뚫어 보시며 이사야 선지자의 말씀을 통해 바리새인들과 서기관들의 위선을 통렬하게 비판하십니다. 이 위선은 객관적인 위선이라기보다 주관적인 위선입니다. 스스로 위선인 줄 알면서 행하는 위선을 객관적 위선이라고 했을 때, 그들의 위선은 객관적이지 않습니다.

서기관들은 입술로만 하나님을 공경한 것이 아니라 나름 진심으로 하나님을 공경하고자 애썼습니다. 하지만 형식에 치중한 그들은 처음 의도와 다르게 자신도 모르는 사이 입술로만 하나님을 섬기는 지경에 이르렀습니다. 그들은 주관적인 위선, 즉 스스로 위선인 줄도 모르는 채 자신을 속이고 있습니다.

그리스도인인 우리는 예수 그리스도의 적대자로 묘사된 바리새인들과 서기관들을 쉽게 비난합니다. 그들을 하나님이 아닌 형식만을 위하면서 잇속만 챙기는 위선적인 종교인들이라고 생각합니다.

하지만 그렇지 않습니다. 그들 대부분은 하나님을 진심으로 섬기려 했고 백성들에게 존경받는 목회자들이었습니다. 그리고 그들이 소중히 여긴 '형식'은 매우 중요합니다. 흔히 형식보다 본질이 중요하다고 말하지만 표현 없는 마음은 상대방에게 전해지지 않고, 형식 없는 본질은 행동 없는 믿음처럼 확인할 수도 없습니다.

프랑스의 대문호 빅토르 위고는 형식과 본질에 대해 다음과 같이 말합니다. "형식은 표면에 나타난 본질이다." 형식이 없는 본질은 바람직하지도, 가능하지도 않습니다. 문제는 떨어질 수 없는 형식과 본질이 서로를 훼손할 위험성을 내포하고 있다는 점입니다. 양쪽을 오가는 추가 한쪽으로만 기울지 않도록 늘 경계하고 주의해야 형식과 본질이 서로를 해치지 않습니다. 이것은 오직 인간의 겸손과 하나님의 섭리로만 가능합니다. 하나님의 계명을 잘 알고 잘 지킬 수 있다는 인간의 오만은 결국 형식이 본질을 파괴하는 상황을 낳습니다. 예수님은 바로 이 점을 지적하신 것입니다.

이런 상황은 고르반 예식에도, 음식에 관한 여러 규정에도 똑같이 적용됩니다. '고르반'이라는 말은 '예물'을 뜻하는 히브리어입니다(레위기 1장 2절에서 '예물'로 번역된 말이 이 '고르반'입니다.). 그런데 언제부터인가 단순한 예물을 뜻했던 고르반이 유대교의 특정 예식을 위한 용어로 사용되기 시작했습니다. 이렇게 생겨난 고르반 예식은 자기 소유물의 유일한 상속자로 성전을 지명하는 예식이었습니다. 이 숭고한 헌신의 예식이 불효를 정당화하는 수단이 되는 아이러니는 형식과 본질의 균형이 파괴된 비극을 극단적으로 보여줍니다.

예수님은 형식을 놓치지 않으면서 본질을 지키려면 어떠한 마음가짐이 필요한지 가르쳐 주십니다. 그것은 밖이 아니라 내 안에서 나오는 더러운 것들을 늘 주의 깊게 지켜보는 것입니다. 하나님 앞의 불안과 겸손이야말로 본질을 지키는 유일한 길입니다. 속된 삶으로 빠져들지 않고 거룩한 삶을 지킬 유일한 길입니다.

PART 26

속성의 장벽을 넘어

마가복음 7장 24~30절

예수님은 다시 부정한 이방 땅으로 들어가십니다. 거기에서 딸에게 들린 '부정한 영'을 쫓아주시기 청하는 한 이방 여인을 만나십니다. 그런데 예수님의 태도가 이상합니다. 예수님은 이스라엘 백성이 아니면 도와줄 수 없다며 여인의 간청을 퉁명스럽게 거절하십니다. 심지어 이방인을 개에 비유하며 모욕하기를 서슴지 않으십니다. 앞선 이야기들과 너무 다른 예수님의 태도에 당황스러울 정도입니다.

이것은 도대체 무슨 상황일까요?

어떤 학자들은 이 이야기가 예수님 역시 다른 유대인들처럼 하나님의 구원이 유대인들에게만 제한된다고 믿고 있었는데, 수로보니게 여인이 그 좁은 인식을 깨뜨려 준 역사적 사건이라고 설명합니다. 하지만 본문은 그런 역사적 흔적에 관한 내용이 아닙니다. 이 이야기는 은혜의 규모에 관한 놀랍도록 아름다운 이야기이며, 사람들의 고정관념을 깨뜨려 하나님의 은혜에 이르도록 만드신 예수님의 기막힌 도움에 관한 이야기입니다.

다시 등장하는 빵은 오병이어의 기적에서처럼 하나님의 은혜를 상징합니다. 아울러 빵을 먹음은 은혜의 수혜, 즉 구원을 의미합니다. 예수님은 도움을 청하는 이방 여인에게 자녀의 빵을 개들에게 던질 수 없다고 말씀하십니다.

언뜻 보기에 이 말은 구원은 유대인들에게만 유효하기에 이방인인 당신은 하나님의 은혜를 받을 수 없다는 선언처럼 들립니다. 하지만 빵을 먹음이 은혜의 수혜를 의미한다면 방법이 전혀 없는 것이 아닙니다. 유대인이 되면 되기 때문입니다. 이방인의 유대교인 개종은 불가능한 일이 아니었습니다. 이방 여인 역시 딸의 구마를 원한다면 유대교인으로 개종하여 하나님의 자녀가 되면 그만입니다. 즉 선택의 문제입니다. 이방인으로서 구원의 밖에 머물 것인가, 아니면 유대인이 되어 구원 안으로 들어올 것인가?

그러나 이 양자택일은 우리가 아는 하나님의 구원 성격과 맞지 않습니다. 만일 이 선택뿐이라면 십자가를 통한 구원의 은혜는 무용지물이 됩니다. 또한 이 상태에서는 여전히 구원이 선택된 백성인 이스라엘에만 해당합니다. 그러니 어떤 선택을 하든지 여인은 틀린 답을 고를 수밖에 없습니다.

오스트리아의 심리학자 파울 바츨라빅(Paul Watzlawick)은 『변화』라는 책에서 '대안의 환상(The illusion of alternatives)'을 소개한 바 있습니다. 대안의 환상이란 선택의 자유가 주어졌다고 믿으나 실상은 어느 쪽을 선택하든 실패할 수밖에 없는 상황을 가리킵니다. 바츨라빅은 이 상황에서 벗어나는 유일한 방법은 선택 자체를 거부하는 것이라고 말합니다.

수로보니게 여인의 상황도 이런 상황입니다. 유대교로 개종하여 하나님의 백성으로서 하나님의 은혜를 누릴 것인가, 아니면 이방인으로 남아 하나님의 은혜를 누리지 못할 것인가의 선택에서, 놀랍게도 여인은 선택 자체를 거절하고 이방인이어도 하나님의 은혜를 누릴 수 있다는 선언을 합니다. 바로 이 깨달음으로 여인을 이끌기 위해 예수님께서 도발하고 추동하신 것입니다. 예수님은 빵, 자녀, 개를 언급하며 개도 빵을 먹을 수 있다는, 즉 이방인도 하나님의 은혜를 누릴 수 있다는 인식으로 도달하게 하십니다.

이 이야기는 솔로몬의 지혜로운 재판 이야기(왕상 3:16~28)를 떠오르게 합니다. 솔로몬 왕도 터무니없는 선택을 제시하며 의도적으로 여인을 곤궁으로 몰아넣었습니다. 진짜 어머니가 선택을 거부함으로써 아기를 돌려받게 된 이야기는 수로보니게 여인의 이야기와 비슷합니다.

마가의 귀신 이야기가 예수님의 구마 능력 과시가 아니라 인간의 회심(μετάνοια)과 관련한 주제를 다룬다는 사실은 수로보니게 여인의 이야기에서 더욱 분명하게 드러납니다. 귀신 들린 여인의 딸은 현장에 있지도 않았습니다. 소위 '원거리 구마'는 여인의 인식이 새로운 지경에 도달하자마자 해결됩니다. 본질적인 문제는 여인의 제한된 인식이지 딸의 처지가 아니었던 것입니다.

"이 말을 하였으니 돌아가라 귀신이 네 딸에게서 나갔느니라."(7:29) 여기서의 결정적인 말은 "이 말을 하였으니"입니다. 여인이 말한 '개들도 빵을 먹을 수 있다'라는 깨달음을 통해 여인의 문제는 모두 해결되었고, 원거리에서 일어난 구마는 이 해결에 대한 부차적인 확증일 뿐입니다. 이제 인종과 종교라는 속성의 장벽을 넘어, 모든 사람이 하나님의 은혜를 누리는 새로운 가능성이 열립니다.

딸과 어머니라는 여성의 속성 역시 이야기에서 간과해서는 안 될 요소입니다. 유대인이나 헬라인이나 남자나 여자나(갈 3:28), 모든 속성을 넘어서며 경계를 모르는 하나님의 은혜를 받아 누릴 수 있습니다.

'정함'과 '부정함'의 대치라는 논리 속에서 스스로를 경멸의 대상으로 평가절하했던 여인은 예수님의 도움으로 새로운 정체성을 획득합니다. 이제 그녀는 아무 조건 없이도 하나님의 은혜를 누리는 존재로 자신을 바라봅니다. 새로운 피조물이 된 것입니다(고후 5:17).

PART 27

소통의 회복, 새로운 창조

마가복음 7장 31~37절

수로보니게 여인의 문제를 해결하신 예수님은 이제 같은 이방 땅에서 치유 사역을 시도하십니다. 이스라엘 땅에서 일어났던 구마와 치유 사역의 결합 패턴이 동일하게 이방 땅에서도 일어납니다. 인간들에게는 껄끄럽기 그지없는, 경계를 과감히 넘어서시는 하나님의 은혜가 다시 한번 빛을 발합니다.

본문에 등장한 귀가 안 들리고 말을 더듬는 사람은 매우 상징적인 의미를 지닙니다. 그가 고통받는 소통의 단절은 단순히 사람들과의 문제만이 아니라 하나님과의 단절, 자기 자신과의 단절을 상징합니다. 우리는 이미 소통의 단절이 마가복음에서 가장 중요하게 다루는 주제임을 귀신 이야기와 치유 이야기들을 통해 살펴보았습니다. 마가는 이 특징을 '부정(不淨)'이라는 개념으로 명백하게 드러냈습니다. 귀신 들림은 '부정한 영' 안에 있는 상태로 묘사되었고, 나병이나 혈루증은 제의적인 부정과 관련된 질병이었습니다. 마가복음은 하나님과의 소통의 단절이 얼마나 큰 영혼의 병과 마음의 병, 몸의 병을 일으키는지, 그리고 타인과 자기 자신과의 관계를 얼마나 왜곡시키는지 생생하게 전합니다. 바로 그 끊어진 소통을 잇기 위해 예수님은 부단히 애쓰고 계십니다.

귀가 안 들리고 말 더듬는 사람을 치유하기 위해 예수님은 그를 무리에서 떼어놓는 조치부터 시작하십니다. 예수님은 그가 무리의 구경거리가 되는 것을 원치 않으십니다. 예수님의 치유가 병자 당사자의 존엄을 존중할 뿐 아니라 그 존엄을 타인들이 해치지 못하게 지키는 일과 함께 시작된다는 사실은 의미심장합니다. 치유의 기적을 바라는 호기심에 가득 찬 사람들이 아니라, 그들의 찬양이 아니라, 예수님은 고통받는 당사자의 마음에 집중하며 공감하십니다. 그리하여 하늘을 우러러 기도하시기보다 탄식하십니다(7:34). 이 '탄식'보다 고통받는 당사자에 대한 주님의 깊은 공감을 잘 표현할 말은 없을 것입니다.

마가는 치유 장면을 묘사하면서 '에바다!'라는 아람어를 소개합니다. 아람어는 당시 팔레스타인에서 사용되고 예수님도 친히 사용하셨던 언어입니다. '열리라!'라고 번역하는 것이 훨씬 자연스러울 텐데도 마가는 굳이 '에바다'라는 아람어를 기록하고 뜻을 모를 헬레니즘 세계의 독자들을 위해 해석을 달아놓습니다.

이렇게 신약성경이 때때로 예수님이 사용하셨던 아람어를 소개하는 이유에는 단순히 역사적인 예수님을 생생하게 소환하려는 목적만 있지 않을 것입니다. 복음서와 서신서에 언급되는 '아멘', '마라나 타', '달리다굼', '에바다' 등의 아람어는 초대 교회에서도 빈번하게 사용했을 가능성이 높습니다.

예로 '아멘'은 성경뿐 아니라 지금도 교회에서 가장 많이 사용하는 아람어입니다. 예수님이 즐겨 사용하시는 표현인 "진실로 너희에게 이르노니…"에서 '진실로'가 원래는 '아멘'입니다. 최근 새롭게 나온 〈새한글성경〉은 이 원어를 살려 위의 구절을 다음처럼 번역합니다. "아멘 그

대들에게 말합니다." 〈개역개정판〉 번역이 "우리 주여 오시옵소서"(고전 16:22)라고 번역한 문장 역시 원문은 '마라나 타'입니다. 〈새한글성경〉의 '아멘'처럼 〈새번역〉과 〈공동번역〉은 원문의 '마라나 타'를 그대로 살려서 번역합니다. "누구든지 주님을 사랑하지 않는 사람은 저주를 받으라! 마라나 타." '아멘'과 '마라나 타'가 교회와 예배 안에서 얼마나 결정적으로 사용됐는지는 더 설명할 필요가 없을 것입니다.

그렇다면 '달리다굼'과 '에바다' 역시 교회에서 꾸준히 사용되었으리라는 추측도 가능합니다. '아멘'과 '마라나타'처럼 지금까지 이어지지는 않았지만, 교회가 행했던 치유 사역에서 결정적인 역할을 했던 용어일 수 있습니다. 의료 혜택이 보편화되지 못한 세계에서 교회는 치유 사역까지 담당하면서 예수의 이름으로 이 용어를 사용했을지 모릅니다. 그렇다면 '에바다'는 예수의 이름으로 일어나는 치유의 기적이 성경 안에만 머무르지 않고 교회 현장에서 계속되었다는 증거입니다.

치유의 기적은 창조의 시작에 비견됩니다. "그가 모든 것을 잘하였도다"(7:37)에서 '잘'로 번역된 부사 καλῶς칼로스는 형용사 καλός칼로스에서 파생된 단어입니다. 이 형용사는 창세기에서 창조의 때마다 울려 퍼진 "하나님 보시기에 좋았더라"를 헬라어로 번역했을 때 〈칠십인역〉이 사용했던 단어입니다. "그가 모든 것을 잘하였도다"라는 칭송은 "하나님이 지으신 그 모든 것을 보시니 보시기에 심히 좋았더라"(창 1:31)라는 창조 묘사를 불러일으키고, "못 듣는 사람도 듣게 하고 말 못하는 사람도 말하게 한다"(7:37)라는 감탄은 메시아 시대의 구원을 예고한 이사야 35장의 5~6절을 떠올리게 합니다.

예수님의 치유로 소통이 회복된 사람은 하나님의 은혜로 탄생한 새로운 창조요 새로운 피조물입니다.

PART 28

또 한 번의 빵, 또 한 번의 은혜

마가복음 8장 1~10절

예수님은 이미 오천 명을 먹인 기적을 행하신 적이 있습니다(6:30~44). 그런데 비슷한 기적이 또다시 반복됩니다.

남자만 오천 명인지 남녀 합해 사천 명인지, 먹고 남은 것을 모은 바구니가 열두 개인지 일곱 개인지 등의 사소한 차이를 제외하면 두 기적은 거의 같은 이야기처럼 들립니다. 그래서인지 누가와 요한은 오천 명을 먹이신 기적 이야기만 두고 이 이야기는 보도하지 않습니다. 같은 이야기가 두 갈래로 변형돼 전해졌다고 생각한 모양입니다. 하지만 비슷하게 보이는 본문의 기적 이야기는 마가복음의 주제와 관련해 매우 중요한 기능을 합니다. 왜냐하면 이 기적은 이스라엘 땅이 아닌 이방 땅에서 일어났기 때문입니다.

지금까지 마가복음을 읽으면서 우리는 마가가 속성의 경계를 넘어서는 하나님의 은혜를 복음의 본질로 생각한다는 사실을 알았습니다. 마가는 경계를 넘어서려는 예수님의 시도에 저항한 폭풍 이야기(4:35~41)를 시작으로, 하나님 나라와 은혜가 유대인과 이방인 모두에게 동일하게 임한다는 복음을 전하시는 예수님의 활동을 생생하게 보여줍니다. 유대인 사역의 시작이 구마였던 것과 같게 이방인들 사역 역시 구마로 시작했으며(5:1~20), 두 지역 모두에서 치유가 일어납니다.

특별히 이전 본문인 귀가 안 들리고 말 더듬는 사람의 치유 기적(7:31~37)은 소통의 회복에 관한 것이었습니다. 이것은 이방인들도 하나님과 소통할 수 있다는 분명한 메시지입니다. 더 나아가 수로보니게 여인 이야기(7:24~30)를 통해 마가는 이방인 그 자체로 하나님의 은혜를 누릴 수 있음을 선언합니다. 처음 교회가 예루살렘 회의에서 이방인들에 관해 "우리는 그들이 우리와 동일하게 주 예수의 은혜로 구원 받는 줄을 믿노라"(행 15:11)라고 고백했을 때, 교회는 이미 모든 속성을 넘어 인간을 받아들이시는 하나님의 은혜를 고백했습니다.

사천 명을 먹이신 기적 이야기는 속성과 경계를 넘어서시는 하나님의 은혜를 주제로 한 '배 여행 이야기'(4:35~8:21) 단락에 속해 있으면서 이 주제를 더욱 선명하게 부각시킵니다. 따라서 두 번째로 소개되는 빵의 기적은 없어도 되는 중복이 아니라, 마가의 예수 이야기에서라면 반드시 있어야 하는 필연적인 이야기입니다.

오천 명을 먹이신 기적과 동일하게 사천 명을 먹이신 이야기 역시 성만찬 모티프를 포함합니다.

"예수께서 무리를 명하여 땅에 앉게 하시고 떡 일곱 개를 가지사(take) 축사하시고(thank) 떼어(break) 제자들에게 주어(give) 나누어 주게 하시니 제자들이 무리에게 나누어 주더라."(7:6)

여기에도 성만찬을 구성하는 네 개의 동사가 등장합니다. 마가는 이 성만찬 모티프와 함께 그리스도의 십자가 죽음을 통한 은혜의 동일성을 강조하는 동시에, 앞선 오천 명을 먹이신 기적 이야기와의 차별성을 곳곳에 배치하여 이방인들을 위한 은혜임을 분명하게 전합니다.

일단 사람을 세는 방식에서 차이를 보입니다. 유대인들의 셈법을 따라 남자만 계수했던 앞의 이야기와 다르게, 이방인들의 관습에 따라 남녀노소를 포함한 모든 사람을 계수합니다.

더 결정적인 것은 남은 바구니와 광주리의 개수입니다. 오천 명의 기적에 제시된 열두 바구니의 '열둘'이라는 숫자는 열두 지파로 이루어진 이스라엘에 대한 상징입니다. 배반한 가룟 유다의 자리를 다른 제자로 채우면서까지 '열둘'이라는 숫자를 유지하려 했던 초대 교회의 노력은 새로운 이스라엘을 구성하는 열두 지파를 염두에 둔 것이 틀림없습니다(행 1:15~26).

이에 반해 사천 명의 기적은 일곱 개의 남은 광주리를 전합니다. '일곱'은 성경에서 이방인과 관련해 자주 언급되는 숫자입니다. 예를 들어 히브리파 유대인들과 헬라파 유대인들로 이루어졌던 초대 교회는 관심과 돌봄에서 배제되어 불평하던 헬라파 유대인들을 위해 일곱 명의 집사를 선택합니다(행 6:1~6). 일곱 집사가 모두 이방인은 아니지만 이들이 이방의 헬라적 배경을 지녔음은 분명합니다. 나중에 이들은 '일곱 집사'(행 21:8)라는 명칭으로 불리는데, 흥미롭게도 헬라어 원문에는 '일곱 집사'가 아니라 단순히 '일곱'이라는 숫자로만 표기되어 있습니다. 이것은 우리말 성경에 '열두 제자'로 번역된 곳의 헬라어 원문이 '열둘'로만 표기한 것과 동일합니다.

일곱 집사 외에 우리는 요한계시록에 등장하는 이방 지역 아시아의 일곱 교회를 떠올릴 수 있습니다(계 1:4, 2~3장). 일곱 광주리에서의 '일곱'이 초대 교회의 일곱 집사와 관련 있는지 아니면 아시아의 일곱 교회와 관련 있는지는 확실하게 알 수 없지만, 이것이 이방인들을 상징하는 숫자로 기능하고 있음에는 의심의 여지가 없습니다.

"내가 무리를 불쌍히 여기노라."(7:2)

눈이 돌아갈 만큼 놀라운 기적의 시작은 오천 명의 기적 이야기에서처럼 긍휼의 마음이었습니다. 하나님은 애타고 애끓는 마음, 이 작은 마음이 엄청난 기적을 일으킬 수 있다는 사실을 예수님의 기적을 통해 가르쳐 주십니다.

PART 29

외인(外人)들

마가복음 8장 11~21절

이제 하나님 은혜의 다양함과 폭넓음을 주제로 삼았던 '배 여행 이야기'(4:35~8:21)가 끝이 납니다. 배를 타고 경계를 넘나들면서 하나님의 은혜를 보여주신 이야기들을 지나 이후부터는 '길'이라는 모티프와 함께 고난의 길과 제자의 길을 주제로 한 이야기들이 펼쳐집니다. 우리는 통일된 주제의 이 이야기들을 하나로 묶어 '길 이야기'(8:22~10:52)라고 부를 것입니다. 그러니까 이번 본문은 '배 여행 이야기'를 매듭짓는 동시에 '길 이야기'로 들어가는 이야기인 셈입니다. 고난의 길을 앞둔 맺음에 걸맞게 이야기는 위협과 슬픔의 어두운 분위기를 띱니다.

먼저 바리새인들이 등장해 예수님을 비난하고 표적을 요구합니다. 이들은 예수님과 대적하며 논쟁을 일삼았던 사람들입니다(2:1~3:6, 7:1~23). "바리새인들이 나와서"(8:11)라는 표현은 그들이 더는 편안하게 자리에 머무를 수 없는 사태로 접어들었음을 보여줍니다. 예수로 인한 위험이 점점 커지고 있다는 위기감에 그들은 견디지 못하고 자리를 박차고 나와 예수님을 대적합니다. 동시에 나왔다는 표현은 예수님의 운명이 점점 위태로워질 것을 암시합니다. 이들은 이미 예수님을 죽이기로 결의했고(3:6) 그 결의를 실행에 옮길 사람들이기 때문입니다.

그런 그들이 예수님께 '하늘로부터 오는 표적'을 요구합니다. 이는 종말론적 선지자로서의 메시아를 증명하는 표징을 의미합니다. 그러나 예수님은 이 요구를 단호히 거부하십니다. 이미 보인 표적을 보고도 믿지 않는 굳은 마음의 소유자들이라면(3:5), 보아도 알지 못하는 자들이라면(4:12), 그 어떤 표적도 소용 없기 때문입니다.

특별히 마가는 그들이 예수님을 "시험했다"라고 말합니다(8:11). '시험하다'에 해당하는 헬라어 동사 πειράζω페이라조는 '유혹하다'를 뜻하기도 합니다. "주 너의 하나님을 시험하지 말라"(마 4:7; 눅 4:12) 하신 예수님의 말씀에는 확실히 전자의 의미를 지닙니다. 하지만 주기도문에 나타난 "우리를 시험에 들게 하지 마시옵고(마 6:13)"에서의 '시험'과 "(예수께서) 광야에서 사십 일을 계시면서 사탄에게 시험을 받으시며"(1:13)에서의 '시험'은 문맥상 '유혹'의 의미를 지닙니다. 물론 본문의 πειράζω는 예수님을 떠보는 시험의 맥락이지만 여기에서 유혹의 의미를 읽을 수 있다면, 이것은 일찍이 광야에서 사탄에게 유혹받으셨던 때처럼 예수님께서 자신의 권능을 표적으로 보이라는 유혹에 직면하셨다는 뜻입니다. 그렇다면 예수님의 단호한 거절은 표적을 요구하는 외부의 압박과 표적으로 자신을 드러내려는 유혹을 모두 물리치신 결단인 셈입니다.

하지만 언제나 그렇듯 위기의 때에 적은 외부에만 있지 않습니다. 배를 타고 바리새인들을 떠나신 예수님은 배 안에서 내부의 적을 맞이하십니다. 이번에는 제자들의 무지와 오해가 예수님을 대적합니다.

제자들이 떡 가져오기를 잊었다는 도입부(8:14)에서 '떡(빵)'은 원문에 복수형으로 등장합니다. 이어 빵 하나가 배에 있다는 설명이 뒤따릅니다. 문제는 '빵들'과 '빵 한 개' 사이의 극명한 대조입니다. "바리새인들의 누룩과 헤롯의 누룩을 주의하라"(8:15)라는 스승의 경고에 직면하면서도 제자들은 빵이 없어 야단맞는다는 터무니없는 생각을 합니다. 몇 개의 빵으로 오천 명과 사천 명을 먹이신 엄청난 기적을 목도한 그들이 기적의 씨앗인 빵 하나를 소유하고 있음에도 빵이 없어 야단맞는다고 믿고 있습니다.

"그들이 … 깨닫지 못하고 도리어 그 마음이 둔하여졌음이러라."(6:52) 오천 명을 먹이신 기적 직후에도 그들은 그 의미를 깨닫지 못했습니다. 그리고 이번에는 똑같은 표현을 예수님의 입을 통해 직접 듣습니다. "아직도 알지 못하며 깨닫지 못하느냐 너희 마음이 둔하냐."(8:17) 이 '둔한 마음'은 예수님의 마지막 논쟁(3:1~6)에서 바리새인들이 지녔던 마음이며 예수님이 탄식하셨던 마음입니다. 〈개역개정판〉에 '완악한 마음'(3:5)으로 번역된 헬라어 원문의 정확한 번역은 '둔한 마음'입니다. 바리새인들과 제자들이 이 '둔한 마음'을 공유했다는 사실이 참으로 놀랍습니다. 예수님의 제자라고 생각하는 우리 역시 주님의 적대자처럼 둔한 마음으로 주님 곁에 있을지도 모를 일입니다.

한 걸음 더 나아가 제자들은 "너희가 눈이 있어도 보지 못하며 귀가 있어도 듣지 못하느냐"(8:18)라는 질책을 듣습니다. 이는 예수께서 씨 뿌리는 비유에서 말씀하신 "보기는 보아도 알지 못하며 듣기는 들어도 깨닫지 못한다"(4:12)를 떠오르게 합니다. 이제 제자들은 하나님 나라의 신비를 누리는 자들이 아니라 수수께끼 속으로 떨어진 외인(外人)이 된 것입니다. 탄식의 마음으로 그들을 일깨우려 하신 예수님의 노력에도 불구하고 영혼 없는 뚱딴지같은 대답은 수수께끼 속에서 허우적대는 그들의 모습을 여실히 보여줍니다. 무서운 일이 아닐 수 없습니다. 하나님 나라의 신비를 누린 자들이라도 언제든 외부인으로 전락할 수 있다니 말입니다.

PART 30

눈이 있으면 보아야 할지니

마가복음 8장 22~26절

제자들의 둔한 마음에 실망과 탄식을 금치 못하신 예수님이 벳새다에 도착하십니다. 복음서에 따르면 벳새다는 베드로, 안드레, 빌립의 고향이기도 하지만(요 1:44), 예수님이 가장 많은 기적을 행하셨으나 회개하지 않은 주민들 때문에 저주를 퍼부으신 도시이기도 합니다.

"화 있을진저 고라신아, 화 있을진저 벳새다야, 너희에게 행한 모든 권능을 두로와 시돈에서 행하였더라면 그들이 벌써 베옷을 입고 재에 앉아 회개하였으리라 심판 때에 두로와 시돈이 너희보다 견디기 쉬우리라."(마 11:21~22; 눅 10:13~14)

하지만 엄청난 불신과 저주의 무리 중에도 믿음을 유지하며 은혜를 갈망하는 소수의 사람은 늘 있는 법입니다. 이 불신의 도시에서 한 명의 눈먼 사람이 예수님의 치유를 통해 하나님의 은혜를 경험합니다.

눈먼 사람의 치유 이야기는 예수님이 벳새다로 오시기 전 이방 땅에서 행하신 귀 안 들리고 말 더듬는 사람의 치유 이야기(7:31~37)와 많은 면에서 닮았습니다. 두 이야기 모두 사람들이 병자를 예수님께 데려와서 안수해 주시기를 간청합니다(7:32, 8:22). 그리고 예수님은 병자를 무리에서 떼어놓는 것을 시작으로 치유하시면서 침을 사용하십니다(7:33, 8:23). 마지막으로 기적이 일어난 후 예수님은 소문의 전파를 금지하십니다(7:36, 8:26).

시각 장애를 고치신 뒤 '집으로 가되 마을로는 들어가지 말라'고 하신 명령은 '사람들에게 소문내지 말라'는 경고의 말씀과 같은 맥락입니다. 실제로 마가복음의 많은 필사본이 "마을에는 들어가지 말라" 다음에, 또는 그 대신에 "누구에게도 말하지 말라"라는 구절을 삽입하여 경고의 의미를 확실하게 드러냅니다. 아마도 그 목적은 귀신들을 향해 자신의 정체를 드러내지 말라고 경고하신 '침묵 명령'(1:34, 3:12)과 같을 것입니다. 예수님은 자신에 관한 열광적인 소문이 오해를 낳고 욕망만 부추길 뿐, 하나님을 향한 진정한 믿음에는 이르지 못한다는 사실을 잘 알고 계셨습니다.

데칼코마니 같은 청각장애인의 치유 이야기와 시각장애인의 치유 이야기는 제자들의 오해와 무지에 대한 이야기(8:14~21)를 감싸면서 이들의 오해와 무지를 강조하는 기능을 수행합니다. 예수님은 자신의 정체와 기적의 의미를 깨닫지 못하는 제자들의 둔한 마음을 책망하며 "눈이 있어도 보지 못하며 귀가 있어도 듣지 못하느냐?"(8:18)라고 말씀하셨습니다. 눈이 있어도 보지 못하고 귀가 있어도 듣지 못하여 혼돈의 수수께끼 속에서 헤매는 제자들의 상태는 진리를 곁에 두고 살면서도 사사로운 욕망을 따라 사는 우리와 몹시 비슷합니다. 바로 이 책망의 말씀 속에 나온 '귀가 있어도 듣지 못하는' 사람을 치유하신 이야기가 이방 땅에서 '에바다'와 함께 청각장애인을 치유하신 이야기이며, '눈이 있어도 보지 못하는' 사람을 치유하신 이야기가 벳새다의 시각장애인 이야기입니다. 닫힌 귀는 열려야 하고, 닫힌 눈은 뜨여야 합니다. 귀가 있으면 들어야 하고, 눈이 있으면 보아야 합니다. 열린 귀와 뜨인 눈으로 이해와 깨달음을 얻어야 합니다. 그러나 '둔한 마음'(8:17)이 모든 것을 가로막습니다. '둔한 마음'으로 번역된 헬라어 원문의 의미는 '딱딱해진 마음', '단단해진 마음'입니다. 우리말 번역 '둔한 마음'은 지적 능력이 떨어지는 이해력 부족 상태라는 인상을 주는 반면, '딱딱해진 마음'은 완고하고 강퍅한 고집스러움의 인상을 줍니다. 이미 딱딱해진 마음에는 다른 생각이 들어갈 틈이 없습니다.

도대체 무엇이 그들의 마음을 딱딱하고 강퍅하게 하며, 다른 생각들이 들어오지 못하게 만든 것일까요? 그것의 정체가 예수님을 통해 개인의 욕망을 실현하려는 의지였음을 우리는 앞으로의 '길 이야기들'에서 똑똑히 확인하게 될 것입니다. 스승을 자기 욕망을 실현해 줄 수단으로 여겼던 제자들의 모습에서 우리는 우리 자신의 모습을 볼 것입니다.

시각장애인을 치유하신 이야기는 그 길의 서막입니다. 많은 학자가 '길 이야기' 시작을 이 본문이 아닌 빌립보 가이사랴에서 있었던 베드로의 고백 이야기라고 생각합니다. 그래서 예루살렘 입성 전까지 이어지는 큰 단락(8:27~10:52)에 '예루살렘으로 가는 길' 또는 '고난으로의 길' 등의 제목을 붙입니다. 하지만 길 이야기는 빌립보 가이사랴에 앞선 지금의 이야기에서 시작한다고 봐야 합니다. 그렇게 보면 흥미롭게도 '길 이야기'의 마지막 이야기 역시 시각장애인의 치유(10:46~52) 이야기입니다. 눈을 뜨게 되는 두 이야기가 길 이야기 전체를 감싸고 있는 셈입니다. 이것은 앞으로의 이야기가 제자도의 이야기인 동시에 눈을 뜨지 못한 사람들의 이야기, 둔한 마음을 지닌 사람들의 이야기가 될 것이라는 사실을 암시합니다. 시력이 단박에 회복되지 않고 단계적으로 회복되는 과정 역시 의미심장합니다(8:24~25). 욕망에 먼 눈을 뜨는 일은 손쉽고 간단한 일이 아니라는 의미처럼 보이기 때문입니다.

PART 31

베드로와 예수의 대결

마가복음 8장 27~38절

바야흐로 '길(ὁδός호도스)' 위에서 예수님은 사람들이 자신의 정체를 무엇이라 생각하는지 제자들에게 물으십니다. 본격적인 '길 이야기'가 펼쳐지는 것입니다. 다양한 대답을 들으신 후 예수님은 제자들의 생각은 어떠냐고 물으십니다. 그러자 수제자 베드로가 결정적인 대답을 합니다.

"당신은 그리스도십니다."(8:29, 마가복음에서 '주'는 배타적으로 하나님께만 사용되며, 원문의 '당신'을 '주'로 번역한 것 역시 마가의 신학을 고려하지 않은 자의적인 번역이라는 점을 앞에서 설명한 바 있습니다)

그러자 예수님은 베드로에게 - 우리에게 익숙해진 - '침묵 명령'을 내리고 바로 그리스도의 수난과 부활에 대해 가르치십니다. 하지만 가르침을 들은 베드로는 발끈하여 스승에게 대들고, 예수님은 그런 베드로를 사탄이라 부르며 꾸짖으십니다.

많은 사람이 본문에 '베드로의 고백'이라는 제목을 붙여 그의 고백을 미화합니다. 이런 경향에는 시몬의 고백을 축복하고 그를 베드로,

즉 반석이라 부른 뒤 그 위에 내 교회를 세우겠다 하신 예수님의 감격어린 칭찬을 전한 마태복음의 영향이 큽니다(마 16:17~19).

그러나 마가의 이야기에는 이런 칭찬과 감격의 분위기가 전혀 존재하지 않습니다. 불편하고 심각한 갈등만 존재합니다. 마가의 이야기만 놓고 보면 '베드로의 고백'이 아닌 '베드로와 예수의 대결'이 제목으로 더 정확합니다. 대결을 명백하게 보여주는 결정적인 단어는 '꾸짖다(ἐπιτιμάω에피티마오)'라는 동사입니다. 우리말 번역에서는 33절에만 이 말이 등장하나, 헬라어 원문에는 30절의 '경고하시고'와 32절의 '항변하매'가 똑같은 ἐπιτιμάω를 사용합니다. 즉, "베드로가 예수를 붙들고 항변하매"(8:32)라고 번역된 구절 또한 두 동사가 같은 동사임을 고려하면 다음과 같이 번역해야 마땅합니다.

"베드로가 예수를 붙들고 꾸짖으매."

놀랍게도 베드로가 예수님을 꾸짖습니다. 그러자 예수님 역시 그를 꾸짖으며 '사탄'이라고 부르십니다. 이 험악한 대결에 아름다운 고백이 설 자리는 없습니다.

이 험악한 분위기는 예수님의 수난 예고로 촉발되었습니다. 자신을 그리스도로 생각하는 제자들에게 예수님은 이제 드러내 놓고 그리스도의 의미와 사역을 가르치십니다. "(그리스도는) 버린 바 되어 죽임을 당하고 사흘 만에 살아나야 할 것이다."(8:31) '살아날 것이다'가 아니라 '살아나야 할 것이다'입니다. 헬라어 원문에 영어로 치면 필연을 의미하는 'must'가 포함됐기 때문입니다. 즉 예수님은 미래에 일어날 일을 단순하게 예언하신 것이 아니라 반드시 일어나야 하는 일임을 강조하신 것입니다.

메시아의 길에서 고난과 죽음은 선택이나 우연이 아닌 필연입니다. 이 사실을 "드러내 놓고"(8:32), 즉 공개적으로 선언하십니다. 영광이 아니라 죽음이라니, 제자들의 기대가 무너지는 순간입니다. 자신들의 기대와 욕망을 채워줄 메시아가 아니라 죽음을 향해 걸어가는 메시아에 직면하자 제자들은 엄청난 당혹감에 빠집니다. 바로 이때 제자들의 대표인 베드로가 가르침을 거부하며 예수님을 야단치기(ἐπιτιμάω) 시작합니다. 베드로가 스승을 어떤 의미의 그리스도로 고백했는지 분명해지는 순간입니다. 그러자 예수님은 제자들을 보며 베드로를 꾸짖으십니다(ἐπιτιμάω).

"사탄아 내 뒤로 물러가라 네가 하나님의 일을 생각하지 아니하고 도리어 사람의 일을 생각하는도다."(8:33)

베드로는 예수님을 고난의 길에서 멀어지도록 유혹하는 사탄이 되고 맙니다. "내 뒤로 물러가라"에서 '내 뒤로'로 번역된 ὀπίσω μου오피소무의 정확한 번역은 '내 뒤에'입니다. 이 표현은 첫 제자들을 부르실 때(1:17)도 사용됐는데, 제자로서의 따름에 사용되는 전형적인 표현입니다. 마가복음 1장 17절을 우리말 성경은 "나를 따라오라"라고 번역했지만, 헬라어 ὀπίσω μου를 살려서 직역하면 "내 뒤에서(ὀπίσω μου) 오라"쯤으로 번역할 수 있습니다. 실제로 바로 다음 절에서 제자도를 요청하는 말씀인 "나를 따라오려거든"(8:34)에서도 '나를'에 해당하는 헬라어 표현 역시 33절과 동일한 ὀπίσω μου입니다. 그런 의미에서 "나를 따르라"라는 말은 "내 뒤에서 따르라"라는 뜻이며, 제자도에 있어 본질적인 중요성은 이 '뒤에서'라는 말에 담겨 있습니다.

이런 연유로 인해 "내 뒤로 물러가라"로 번역된 본문은 "내 뒤에서 가라"로 정정할 필요가 있습니다. 베드로에게 '내 뒤에서' 걸어야 한다고 야단치신 예수님은 무리와 제자들에게도 '내 뒤에서' 따라야 한다고 가르치십니다. 이는 예수님의 제자가 되느냐 사탄이 되느냐가 어떻게 결정되는지를 보여주는 교훈이기도 합니다. 만일 예수님의 뒤에 선다면 우리는 그분의 제자입니다. 하지만 예수님 앞에 서서 내 뜻대로 예수님을 이끌려 한다면 우리는 사탄입니다. 이처럼 사탄이 되느냐 제자가 되느냐는 예수님의 앞과 뒤 가운데 어디에 서느냐로 결정됩니다. 제자와 사탄이 이렇게 쉬운 방식으로 결정된다니, 참으로 경계해야 할 무서운 일입니다.

내가 누구라고 생각하느냐는 질문에 대한 베드로의 대답은 정답이었습니다. 하지만 큰 의미가 없었습니다. 귀신들도 베드로와 거의 같은 고백을 하기 때문입니다(3:11, 5:7). 성경도 분명히 말합니다.

"네가 하나님은 한 분이신 줄을 믿느냐 잘하는도다 귀신들도 믿고 떠느니라."(약 2:19)

제자 됨에 있어서의 핵심은 내 욕망에 따라 사람의 생각을 앞세워 예수님 앞에 서는가, 아니면 비록 하나님의 일을 다 이해할 순 없지만 예수님 뒤에 서서 그분을 따라가는가, 오직 이것뿐입니다.

PART 32

오르는 것은 내려오기 위함이다

마가복음 9장 1~13절

제자도의 가르침 끝머리에서 예수님은 하나님의 영광을 말씀하셨습니다(8:38). 이 세상에서 고난의 길을 걷는 제자도의 보상은 재림과 종말의 때에 하나님으로부터 주어진다는 약속입니다. 이 말씀 직후에 예수님은 여기의 몇몇은 살아서 이 영광을 보리라는 뜻밖의 말씀을 하십니다(9:1). 그리고 마가는 이 놀라운 체험을 한 세 명의 제자, 베드로와 야고보와 요한을 소개합니다. 예수님의 제자 가운데 핵심 제자로 묘사되는 이 삼총사는 하나님 나라의 승리와 영광의 종말을 미리 맛보는 특권을 누립니다.

결론적으로 말하면 '변화산' 이야기는 구약의 모든 종말론적 예언이 예수 그리스도 안에서 성취되었음을 보여줍니다. 그리고 이에 걸맞게 이야기는 구약성경의 인용과 연상으로 가득 차 있습니다.

가장 먼저 떠오르는 연상은 모세의 시내 산 이야기입니다. 예수님이 변화산에 오르신 이야기와 모세가 시내 산에 오른 이야기에는 많은 유사점이 있습니다.

모세가 하나님을 만나기 위해 산을 오를 때도 '세 사람'의 동행인이 언급됩니다(출 24:1, 9). 또한 시내 산에 오를 때에도 '엿새' 동안 구름이 산을 가렸으며, 하나님의 영광이 산 위에 머물렀습니다(출 24:15~16). 마지막으로 예수님의 옷 광채는 모세의 얼굴 광채를 떠올리게 합니다(출 34:29~35). 결정적으로 모세가 엘리야와 함께 변화산 무대에 등장합니다. 모세와 엘리야는 산 위에서 하나님과 홀로 만났던 사람들입니다. 동시에 유대교 종말론에서 매우 중요한 역할을 하는 인물들입니다.

모세는 과거 계약 체결의 대표자이기도 하지만 미래에 임할 종말의 대표 인물이기도 합니다. 왜냐하면 유대인들은 "네 하나님 여호와께서 너희 가운데 네 형제 중에서 너를 위하여 나와 같은 선지자 하나를 일으키시리니 너희는 그의 말을 들을지니라"(신 18:15)라는 말씀을 따라 종말에 모세와 같은 선지자가 나타나리라 믿었으며, 이 종말론적 선지자를 메시아로 간주했기 때문입니다. 종말론적 선지자는 사람들이 세례 요한에게 "네가 그 선지자냐?"(요 1:21)라고 물었을 때의 '그 선지자(the Prophet)'입니다. 즉 사람들은 세례 요한에게 "네가 그리스도냐?"라고 물었던 것입니다.

함께 나타난 엘리야 역시 종말론에서 빼놓을 수 없는 인물입니다. 엘리야가 죽지 않고 하늘로 올라갔기에 사람들은 그가 다시 내려올 것이라고 믿었습니다. 성경 역시 이 사실을 증언합니다.

"보라, 여호와의 크고 두려운 날이 이르기 전에 내가 선지자 엘리야를 너희에게 보내리니 그가 아버지의 마음을 자녀에게로 돌이키게 하고 자녀들의 마음을 그들의 아버지에게로 돌이키게 하리라. 돌이키지 아니하면 두렵건대 내가 와서 저주로 그 땅을 칠까 하노라 하시니라."(말 4:5~6)

나중에 예수님은 세례 요한이 다시 온 엘리야라고 암시하십니다

(9:13). 신적 형상으로 변형된 예수님이 종말론적 인물들과 함께 말씀을 나누신다는 사실은 하나님 나라의 최종적인 국면이 그리스도의 임재와 함께 이미 시작되었음을 의미합니다.

모세와 엘리야는 종말론적 인물인 동시에 각각 율법과 선지자를 대표하는 인물들입니다. 그리고 '율법과 선지자'는 예수님 시대에 구약성경을 가리키는 전형적인 표현 양식이었습니다(마 7:12; 눅 24:44; 행 13:15; 롬 3:21 등). 따라서 예수님이 이들과 이야기를 나누고 계셨다는 사실은 그리스도와 구약의 밀접한 상관관계를 잘 보여줍니다. 모든 율법과 예언이, 다시 말해 구약 전체가 예수 그리스도를 가리키고 있다는 것입니다.

신적 현현 앞에서 두려워하는 제자들에게 하나님의 소리가 다시 들려옵니다. 예수님이 홀로 들으셨던 "너는 내 사랑하는 아들이라"(1:11)라는 음성이 "이는 내 사랑하는 아들이라"(9:7)로 변하여 제자들에게 울려 퍼집니다. 그리고 모세도 엘리야도 아닌 "그의 말을 들으라"라는 하나님의 명령이 주어집니다. 종말론적 선지자로서의 메시아 도래를 예언한 신명기 18장 15절의 마지막 구절 반복인 이 명령은 다시금 예수의 그리스도 되심을 선포합니다.

이 찬란하고 영광스러운 현현 앞에서도 제자들의 무지와 오해는 변함없이 등장합니다. 눈앞의 영광에 취한 그들은 초막 셋을 지어드릴 테니 이곳에 계속 머물자며 예수님께 청합니다. 그러나 예수님은 이들의 요청을 물리치고 산을 내려오십니다. 그러면서 이들에게 '침묵 명령'을 내리십니다(9:9). 고난이 내포된 영광을 이해하지 못한다면 그들의 간증은 공동체에 독이 될 뿐이기 때문입니다. 예수님은 영광에 취한 제자들에게 다시 한번 메시아가 받을 고난과 멸시를 말씀하십니다(9:12). 생전에 고난과 생명의 위협을 받았던 엘리야처럼(왕상 19장) 그의 현신인 세례 요한 역시 고난을 겪었음을 말씀하시며, 자신 또한 같은 운명을 겪을 것임을 암시하십니다.

산에 올라 영광을 받으신 예수님은 다시 세상으로 내려오십니다. 짧았던 하늘 영광 체험은 그 자체가 목적이 아닙니다. 길고 지난한 땅의 사명을 수행하기 위한 밑거름입니다. 하나님과의 충만한 만남의 자리에 오르셨던 예수님은 즉시 고난의 자리로 내려오십니다. 은혜받은 자는 은혜에 머물러서는 안 됨을 손수 본을 통해 우리에게 가르치십니다. 오르는 것은 내려오기 위함입니다. 은혜의 충만은 사명을 감당하기 위함입니다.

PART 33

'누가' 할 수 있는가?

마가복음 9장 14~29절

산 위의 영광과 대조되는 아수라장이 산 아래에서 펼쳐지고 있습니다. 귀신 들린 아들을 데려온 아버지는 구마에 무능력한 제자들로 인해 절망하고, 제자들은 서기관들과 무익한 논쟁을 벌이고 있습니다. 귀신을 내쫓은 경험이 있는 그들이었으나(6:13) 지금은 무력합니다. 여기서 우리는 신적인 구마 능력은 항구적인 것이 아니라, 매 순간 믿음으로 확인되고 실행된다는 사실을 알게 됩니다. 예수님은 제자들에게 기적의 전제인 믿음이 없다는 사실에 한탄하십니다(9:19, 23).

마가복음에서 마지막으로 나오는 귀신 이야기에는 심오한 상징과 진리가 가득 담겨 있습니다. 수로보니게 여인의 딸 이야기에서 보았듯이 문제의 본질은 귀신 들린 아들이 아니라 아버지의 영적 상태입니다. 아버지의 영적인 문제는 귀신의 정체를 통해 드러납니다. 사람들이 '말 못함의 영(dumb spirit)'(9:17)이라고 부른 귀신을 예수님은 정확하게 '말 못함과 듣지 못함의 영(dumb and deaf spirit)'(9:25)이라고 명명하십니다. 철저한 소통의 부재와 하나님과의 단절을 드러내는 표현입니다.

하나님과의 연결이 끊어진 영혼의 비참함 속에서 아버지는 예수님을 향해 절규합니다.

"무엇을 하실 수 있거든 우리를 불쌍히 여기사 도와 주옵소서!"

그러자 예수님의 유명한 대답이 이어집니다.

"할 수 있거든이 무슨 말이냐? 믿는 자에게는 능히 하지 못할 일이 없느니라!"

사람들은 흔히 이 이야기를 예수님의 능력에 의심을 품었던 아버지가 믿음을 회복하여 기적을 경험하고, 예수님을 믿으면 모든 문제가 해결된다는 신앙 교훈으로 생각합니다. 그러나 이런 해석은 유감스럽게도 본질적인 메시지와 거리가 멉니다. 이야기의 본래 의미를 정확히 파악하기 위해서는 신약성경의 원문인 헬라어 문법의 도움을 받아야 합니다.

가장 큰 오해를 불러일으킨 본문은 "할 수 있거든이 무슨 말이냐"(9:23)입니다. 이 번역은 마치 모든 문제가 할 수 있는지의 가능성 여부에 달린 것처럼 들립니다. 사람들이 예수님의 능력 여부를 생각하는 것이 당연합니다. 그러나 원문에서 가장 중요한 부분은 '주어'입니다. 앞의 아버지 요청을 헬라어 본문을 따라 정확히 번역하면 "무엇을 하실 수 있거든"(9:22)이 아니라 "당신이 무엇을 하실 수 있거든"입니다. 예수님은 바로 이 말에, 보다 정확히 말하자면 '당신'이라는 말에 문제를 제기하신 것입니다.

따라서 헬라어 원문을 살려 23절을 번역하면 다음과 같습니다. "'당신이 하실 수 있거든'이 무슨 말이냐? 믿는 자에게는 모든 것이 가능하다!" 예수님은 지금 당신의 능력이 아니라 아이 아버지의 믿음이, 더 정확하게는 하나님에 대한 너의 믿음이 기적을 일으킨다고 말씀하고 계십니다. 이 믿음이 예수님에 대한 믿음이 아니라 하나님에 대한 믿음임을 우리는 다음 장에 등장하는 헬라어 표현에서도 확인할 수 있습니다. "모든 것이 가능하다"(πάντα δυνατά판타 뒤나타, all thins are possible)라는 문장을 예수님은 마가복음 10장에서 다시 사용하십니다. "하나님으로서는 다 하실 수 있느니라"(10:27)로 번역된 우리말 성경을 헬라어 원문에 맞춰 번역하면 "하나님으로서는 모든 것이 가능하다(πάντα δυνατά)!"입니다. 마가복음 9장 23절과 10장 27절의 헬라어 원문은 '믿는 자에게는'이 '하나님으로서는'으로 바뀌었을 뿐 동일한 문장입니다(14:36 참조). 즉, 핵심은 '할 수 있는가'의 여부가 아니라 '누가 할 수 있는가'입니다.

마가복음의 예수님은 사람들이 주목하기를 원하거나 자신을 향한 믿음을 요구하시는 분이 아닌, 언제나 하나님께 관심을 두고 하나님에 대한 믿음을 요청하는 분으로 묘사됩니다. 바로 이러한 예수님의 요청이 아버지의 놀라운 고백을 터져 나오게 만듭니다.

"내가 믿나이다! 나의 믿음 없는 것을 도와주소서."(9:24)

아버지의 절규는 이해 불가능하고 역설적인 고백입니다. 믿는다는 고백과 믿지 못한다는 고백을 동시에 발설했기 때문입니다. 하지만 이 역설이야말로 신앙의 본질적인 실존을 구성합니다. 우리는 믿는 동시에 믿지 못하기 때문입니다. 믿으나 믿지 못하는 신앙의 실존을 이보다 더 정확하고 아름답게 표현한 말은 없을 것입니다.

두 번의 도움 요청(9:22, 24) 사이에서 아버지의 영적인 문제가 예수님의 말씀(9:23)으로 해결되었다는 사실은 헬라어 원문에서 더 분명하게 드러납니다. 두 번의 '도와주소서'가 우리말 번역에서는 똑같이 표현되었지만, 헬라어로는 다른 형태의 명령형으로 표현되어 있습니다. 처음 '우리를 도와달라'라는 요청에 사용된 명령형은 '일회적이고 순간적인' 도움을 요청하는 헬라어 명령형(βοήθησον보에테손-아오리스트 명령법)입니다. 그런데 두 번째 '나의 믿음 없음을 도와달라'는 요청에 사용된 명령형은 '반복적이고 지속적인' 도움을 요청하는 헬라어 명령형(βοήθει보에테이-현재 명령법)입니다. 이 문제만 모면하면 되겠다는 일회적인 도움 요청이 지속적이며 반복적인 '나의' 믿음 없음에 대한 도움 요청으로 바뀐 것입니다. 이 변화를 통해 아버지는 역설의 믿음으로 진입합니다.

아이가 죽은 것 같이 되었다는 묘사(9:26)와 예수께서 그를 일으키셨다는 묘사(9:27)를 통해 마가는 부활과 그로 인한 새 창조를 연상시킵니다. 귀신이 아이에게서 나갔다는 짧은 묘사는 수로보니게 여인의 이야기에서처럼 아버지의 영적 문제가 해결되었음을 상징적으로 보여줍니다. 아버지는 마침내 하나님과 연결되어 말 못하고 듣지 못하는 상태에서 벗어납니다.

마지막으로 제자들이 자신들의 무능력에 대해 물었을 때 예수님은 '기도'를 언급하십니다(9:29). 하지만 본문 어디에도 예수님이 하늘을 우러러보셨다거나 기도를 드리셨다는 언급이 없습니다. 그러니 예수님이 언급하신 기도는 예수님의 기도가 아니라 아이 아버지의 절규를 가리킵니다. 믿지만 믿지 못하겠다는 고백, 이것이 가장 중요한 간구이며 본질적으로 하나님과 연결되는 기도라는 것입니다. 예수님은 이렇게 하나님을 향한 아버지의 역설적인 절규를, 회복된 소통을 '기도'라 명명하며 진정한 기도의 내용과 성격을 가르쳐 주십니다.

PART 34

오해의 점입가경

마가복음 9장 30~37절

선지자들을 죽이는 도시 예루살렘(마 23:37; 눅 13:34)에 가까워질수록 다른 기대를 품은 제자들의 오해도 커집니다.

예수님은 제자들과 갈릴리 지역을 비밀스럽게 다니시면서 두 번째로 메시아의 고난에 대해 가르치십니다. 특별히 고난받는 메시아가 등장할 때마다 예수님은 '인자(人子)', 즉 '사람의 아들'이라는 칭호를 즐겨 사용하십니다. 참 하나님이 아닌 참 사람으로서 수난을 겪는 예수님의 마음이 잘 드러나 있습니다.

하지만 제자들은 이해하지 못할 뿐 아니라 묻는 것조차 무서워합니다. 질문을 두려워하는 마음에는 크게 두 가지가 있습니다. 하나는 질문의 수준이 너무 낮거나 엉뚱해 스승을 실망시킬까 싶어 묻지 못하는 두려움이고, 다른 하나는 대답이 자기 기대와 다를까 싶어 묻지 못하는 두려움입니다. 후자는 거절당할 것이 분명해 사랑을 고백하지 못하는 두려움과 유사합니다. 제자들의 두려움은 후자에 해당했을 것입니다. 그들은 스승의 생각이 자신들의 기대와 다름을 직감하고 질문하지 않았습니다.

그들의 논쟁은 '길' 위에서 진행됩니다(33~34). 같은 길을 걷지만 스승과 제자의 생각은 하늘과 땅만큼이나 차이가 납니다. 마치 선지자 이사야의 말과도 같습니다.

"이는 내 생각이 너희의 생각과 다르며 내 길은 너희의 길과 다름이니라 여호와의 말씀이니라 이는 하늘이 땅보다 높음 같이 내 길은 너희의 길보다 높으며 내 생각은 너희의 생각보다 높음이니라."(사 55:8~9)

스승과 제자는 같은 길 위에 있으나 다른 길을 걷고 있습니다. 스승 몰래 자기들끼리 토론했던 주제는 '누가 더 큰가'였습니다. 논공행상에 대한 이 다툼은 이번 한 번으로 끝날 다툼이 아니었습니다. 예루살렘에 가까워질수록 다툼은 더 구체적이고 본격적으로 진행됩니다(10:35~45). 그때에도 예수님은 첫째가 되려는 자는 끝이 되어야 하며 다스리고자 하는 자는 섬기는 자가 되어야 한다는 가치의 전복을 다시 설명하십니다(9:35, 10:43~45). 물론 이때나 그때나 제자들은 예수님이 가르치시는 하나님 나라의 전복된 가치를 이해하지 못합니다.

가버나움 집에 오신 예수님은 세상과는 다른 가치가 적용되는 하나님 나라를 설명하기 위해 제자들 앞에 어린아이 하나를 세우십니다. 아이를 제자들 '가운데'(9:36)에 세우신 행위는 매우 상징적입니다. 고대사회에서의 아이는 지금과는 완전히 다른 가치의 존재였습니다. 지금 우리는 아이를 순수의 상징으로 생각하며 보호하고 많은 관심을 쏟습니다. 하지만 고대사회에서는 무시와 천대의 대상이었습니다.

이것은 헬라어 관습에서도 드러납니다. 아이를 뜻하는 헬라어 명사 παιδίον파이디온의 문법적인 성은 중성(中性)입니다. 이때의 중성은 한자어 中性이 가리키는 것처럼 남성과 여성의 가운데 성을 의미하는 것이 아닙니다. 중성을 뜻하는 영어 neuter의 뿌리가 되는 라틴어

neutrum은 '이것도 아니고 저것도 아닌 것'을 의미합니다. 즉 문법적인 의미에서 중성인 아이는 남자도 여자도 아닌 존재, 즉 사람이 아닌 존재로 여겨졌습니다. 고대사회에서 아이는 한 인간으로 인정받지 못했으며, 물건과 소유물로 여겨질 뿐이었습니다. 이후에 등장할 이야기에서 다가오는 아이들을 꾸짖어 예수님을 노하게 한 제자들의 행동은 그들이 특별히 아이들을 혐오해서가 아니라 당시의 일반적인 통념에 따른 것이었습니다(10:13~14).

이렇게 힘과 권력이 전무한 어린아이를 통해 예수님은 세상에서 통용되는 힘과 권력의 가치가 하나님 나라에서는 전혀 다르게 작용함을 비유로 설명하신 것입니다. 이것이 장차 맞이할 새 세상에서 누구의 공이 더 클지, 누가 더 큰 권력을 상으로 얻을지 논쟁하던 제자들에 대한 예수님의 대답이었습니다.

"너희가 기대하고 얻고자 하는 힘은 하나님에게는 힘이 아니다. 너희는 힘과 권력을 하나님 나라의 가치에 따라 새롭게 정의하고 그 가치에 따라 살아야 한다."

어린아이 하나를 영접함이 곧 나를 영접하는 것이라고 하시며 예수님은 자신과 어린아이를 동일시하십니다. 나아가 나를 영접함이 곧 하나님을 영접하는 것이라며 어린아이를 하나님과도 동일시하십니다. 하나님은 세상의 생각과 달리 강력한 권력자가 아니라 연약하기 이를 데 없는 존재라고 말씀하십니다. 그러나 이 세상의 연약함 속에 하나님 나라의 진정한 힘이 존재합니다.

"하나님의 어리석음이 사람보다 지혜롭고 하나님의 약하심이 사람보다 강하니라."(고전 1:25)

어린아이를 영접하라는 교훈은 당시의 제자들을 넘어 예수님의 부활 이후 새롭게 편입될 우리 같은 제자들에게까지 확장됩니다. 미래의 참 제자들이 예수님의 이름으로 어린아이들을 영접할 날이 올 것입니다. 그리고 이 아이들은 자라서 예수님의 참 제자가 될 것입니다. 이들은 모두 제자도를 깨달은 자들로, 아이처럼 겸손한 마음을 지닌 주님의 진정한 제자들입니다. 그리고 주님의 제자는 배우는 사람인 동시에 보내심을 받는 사람입니다.

"심부름꾼은 심부름을 보낸 분과 같다"는 이스라엘의 격언처럼, 복음을 전하기 위해 보냄을 받은 예수의 제자들은 예수님의 대리자인 동시에 그분을 보내신 하나님의 대리자이기도 합니다. 이것은 지금의 우리가 어떤 마음가짐으로 전도에 임해야 하는지를 잘 보여줍니다.

우리는 예수의 대리인으로, 하나님의 대리인으로 전도와 선교의 사명을 수행하고 있습니다. 왕의 메시지를 들고 가는 사신(使臣)이 왕과 동일한 인격으로 인정받고, 사신의 현존이 왕의 현존으로 간주되는 것처럼 우리는 우리를 보내신 왕의 인격과 현존을 대리하는 사람들입니다.

예루살렘으로 향하는 길 위에서 힘과 권력에 대한 제자들의 오해가 점입가경으로 심화되어 갑니다. 하지만 이와 동시에 참 제자가 되기 위한 십자가의 제자도 역시 예수님의 겸손과 순종, 교훈과 본을 통해 더욱더 깊어집니다.

PART 35

부활 이후의 공동체를 위한 교훈들

마가복음 9장 38~50절

마가는 본격적으로 부활 이후 새롭게 만들어질 그리스도교 공동체에 대한 예수님의 교훈을 소개합니다.

첫 번째 교훈은 예수의 이름으로 형성될 공동체들 간의 차이와 갈등에 관한 것입니다. 요한은 스승인 예수의 이름으로 귀신을 쫓으나 자신들의 그룹에는 속하지 않는 사람들에 대해 보고합니다. 지금 교회들의 모습처럼 처음 그리스도교 역시 다양한 의견을 지닌 수많은 공동체가 존재했습니다. 때때로 이들은 자기가 본류와 정통이라 주장하며 다른 공동체를 이단으로 정죄했습니다.

하지만 예수님은 공동체의 다양성을 인정하십니다. 주님은 '예수의 이름으로 능력을 행함'(9:39)이라는 기준만 제시하심으로써 생각의 동일성보다는 '사역의 동일성'으로 하나 됨을 추구하라고 권면하십니다.

이 기준은 지금도 여전히 유효합니다. 예수의 이름을 벗어나지 않으면서 하나님의 능력을 드러내고 있다면, 비록 신앙의 결이 다르더라도 모든 교회는 하나가 될 수 있습니다. 교회 일치에 있어 중요한 것은 교리가 아니라 하나님의 일이기 때문입니다.

나아가 "우리를 반대하지 않는 자는 우리를 위하는 자니라"(9:40)라는 말씀과 함께 예수님은 나와 다른 공동체에 속해 있거나 생각이 다른 외부 사람들도 받아들이고 환대할 것을 명령하십니다. 그가 어떤 교리를 신봉하든, 어떤 공동체에 속해 있든 "그리스도에게 속한 자"(9:41)이기만 하다면 우리는 서로를 받아들이고 환대해야 합니다. 이것은 그리스도가 머리 되신 하나의 몸 된 교회가 지녀야 할 마땅한 태도입니다.

외부에 존재하는 공동체와 그 구성원들에 관한 이야기가 끝난 후부터는 본격적으로 내가 속한 공동체에 관한 예수님의 교훈들이 이어집니다.

모든 공동체에는 그다지 중요하지 않거나 신실해 보이지 않는 사람들이 항상 있기 마련입니다. 이제 막 믿음생활을 시작하여 세상의 습관을 버리지 못한 사람들도 여기에 속합니다. 예수님은 이들을 "나를 믿는 이 작은 자들 중 하나"(9:42)라고 표현하십니다. '작은 사람들'이라는 강조에 '한 명'이라는 강조가 더해져 있습니다. 예수님은 아무리 중요하지 않더라도, 아무리 적은 수라도 공동체는 그들의 믿음을 실족하게 만드는 실수를 범해서는 안 된다고 말씀하십니다.

목에 연자맷돌을 달아 바다에 던져버린다는 무서운 말은 "실족하게 하는 일이 없을 수는 없으나 실족하게 하는 그 사람에게는 화가 있도다"(마 18:7)라는 마태복음의 말씀을 떠오르게 합니다. 흥미롭게도 본문의 "그 목"(9:42)이 실족하게 한 사람의 목인지, 아니면 실족을 당한 사람의 목인지가 분명하지 않습니다. 마태복음의 예수님 말씀과 이후 지옥 심판에 관 언급을 근거로 실족하게 한 사람의 목이라고 여기는 것이 자연스럽지만, 문법적으로는 실족 당한 작은 자의 목일 수도 있습니다. 그렇게 가정한다면 우리는 신앙생활에서 누군가를 실족시키는 일이 그의 목에 연자맷돌을 달아 바다에 던져버리는 것만큼 그 사람의 신앙과 영혼 전체를 완전히 파괴하는 일이라는 뜻으로도 읽을 수 있습니다. 이것은 각별히 조심하여 공동체와 나 자신을 돌아봐야 하는 중요한 이유가 됩니다. 내가 받는 벌이 문제가 아니라 실족 당한 사람의 영혼이 산산이 파괴되기 때문입니다.

실족은 작은 사람들뿐 아니라 나 자신에게도 해당됩니다. 타인을 실족시키는 일 후에, 내 손과 발과 눈이 행하는 죄를 언급합니다. 그런데 이때 "범죄하게 하거든"(9:43, 45, 47)으로 번역된 헬라어 단어는 바로 앞 절의 "실족하게 하면"(9:42)에서 사용한 단어와 동일한 σκανδαλίζω 스칸달리조입니다. 내 손과 발과 눈은 얼마든지 나를 신앙의 길에서 걸려 넘어지게 할 수 있다는 것입니다. 손과 발과 눈은 삶의 실천과 직결된 지체들입니다. 동시에 내 욕망을 직접 실현하는 도구들이기도 합니다. 예수님은 우리가 믿음의 길에서 욕망 때문에 걸려 넘어질 때 단호하게 대처해야 한다고 경고하십니다.

'지옥'(9:43, 45, 47)으로 번역된 '게헨나(γέεννα)'는 구약에서 몰록에게 자녀를 바칠 때 불로 지나가게 했다는 '힌놈의 골짜기'를 가리킵니다(왕하 23:10). 나중에 유다 왕 요시아는 종교개혁을 단행해서 이 골짜기를 성 안의 모든 쓰레기로 메운 다음 죄인과 짐승의 시체를 태우는 곳으로 만들었다고 합니다. 이런 연유로 신약 시대의 게헨나는 죽은 자들이 내려가는 곳으로서의 '음부(陰府, ᾅδης하데스)'(눅 16:23)와 달리, 꺼지지 않는 불과 연결되어 종말의 때에 죄인들이 벌받는 지옥(地獄)을 의미하게 되었습니다. 아무리 사소한 죄라도 단호하게 물리쳐야 합니다. 지옥에게 빌미를 내어줄 수 있기 때문입니다.

마지막으로 예수님은 공동체의 화목을 명령하십니다(9:50). 이 화목을 위해서는 불과 소금이 필요합니다.

뜨거운 불은 정화시키고, 쓰라린 소금은 부패를 막아줍니다. 공동체를 쓰라리게 하는 요소들을 만날 때마다 우리는 이것들만 없어지면 평화로운 공동체가 되리라고 생각합니다. 그래서 어떻게든 그 요소들을 없애고자 합니다.

하지만 불편하고 아프더라도 공동체를 쓰라리게 하는 요소들도 필요합니다. 그것은 우리 공동체가 썩지 않도록 주님께서 마련해 주신 귀한 소금이기 때문입니다.

PART 36

평등한 결혼과 이혼에 대하여

마가복음 10장 1~12절

이야기의 무대는 유대 지경과 요단 강 건너편으로 이동합니다. 예루살렘에 가까워질수록 예수님의 가르침이 확장되는 모습을 보입니다. 가르침의 내용이 가정생활에까지 이릅니다. 마가는 예수님이 가르치시는 모습을 '전례대로'(10:1), 즉 '늘 하시던 대로'라고 설명하면서 가르침이 예수님의 본질적인 사역임을 재차 강조합니다.

또다시 바리새인과의 논쟁이 벌어집니다. "사람이 아내를 버리는 것이 옳으니이까?"(10:2) 이혼에 대한 바리새인들의 질문에는 당시 성차별적이고 가부장적인 문화가 어떻게 사회를 지배했는지, 율법의 해석 과정에서 사람들이 얼마나 하나님의 본뜻을 왜곡했는지가 드러나 있습니다.

마가복음 2~3장에서 살펴보았듯, '옳으냐'는 질문의 원어 ἔξεστιν 엑스에스틴은 '율법에 허락되어 있는가?'를 의미합니다. 이 질문이 지독히 성차별적이고 가부장적인 이유는 이 계명이 오직 남자만을 위해서 존재하기 때문입니다. "사람이 아내를 버리는 것이 옳으니이까?"라는 질문에서 '사람이'로 번역된 헬라어 원문은 분명하게 ἀνήρ아네르, 즉 '남자'

또는 '남편'이라는 단어를 사용하고 있습니다. 바리새인들은 남편이 아내를 버릴 수 있는 차별적 권리를 주장하고 있는 것입니다.

예수님께 이와 연관된 모세의 계명을 물으시자 그들은 신명기를 근거로 제시합니다. "사람이(히브리어 원문에서도 이 단어는 '사람'이 아니라 אִישׁ 이쉬, '남자'입니다) 아내를 맞이하여 데려온 후에 그에게 수치되는 일이 있음을 발견하고 그를 기뻐하지 아니하면 이혼 증서를 써서 그의 손에 주고 그를 자기 집에서 내보낼 것이요."(신 24:1)

당시 바리새인들은 매우 애매모호한 '수치되는 일'에 음식을 태우는 일, 남편 눈에 거슬리는 모습까지 포함하여 제멋대로 해석했습니다. 남편 눈에 거슬리기만 하면 아무 이유나 붙여 아내를 버릴 수 있었습니다. 심지어 그들은 이런 불의한 행위를 '율법에 허락된 것(ἔξεστιν)'으로 인정하며 전통의 일부로 삼았습니다. 이러한 남성들의 위선에 예수님은 원초적인 하나님의 말씀으로 도전하십니다.

"창조 때로부터 사람을 남자와 여자로 지으셨으니 이러므로 사람이 그 부모를 떠나서 그 둘이 한 몸이 될지니라. 이러한즉 이제 둘이 아니요 한 몸이니 그러므로 하나님이 짝지어 주신 것을 사람이 나누지 못할지니라."(10:6~9)

바리새인들의 이혼에 대한 질문, 정확하게는 아내를 버리는 것에 대한 질문에 예수님은 하나님께서 창조의 때에 제정하셨던 결혼의 본질을 말씀하십니다(창 1:27, 2:24). '남자'가 아니라 "'사람(ἄνθρωπος안트로포스)'이 그 부모를 떠나서"(10:7)라는 말을 통하여 결혼의 주체가 남자 홀로일 수 없다고 선언하십니다. 나아가 예수님은 창세기 2장 24절의 둘이 한 몸이 된다는 말 앞의 "그의 아내와 합하여"라는 구절을 생략함으로써 결혼의 주체를 남자와 여자 모두에게로 확장시키십니다. 이를 통해 예수님은 결혼은 남녀 모두에게 평등함을 분명하게 강조하십니다.

이후 예수님은 집에서 제자들에게 창조 때의 하나님 말씀에 비추어 더 자세한 설명을 해주십니다. 아내를 버리고 다른 데 장가드는 남자와, 남편을 버리고 다른 데 시집가는 여자 모두 '간음'을 행한 것이라고 하십니다.

여기서 우리가 고려할 점이 있습니다. 이 가르침은 현대인들이 어쩔 수 없이 겪는 불행한 이혼까지 포함한 모든 이혼에 대한 지침이 아니라라는 사실입니다. 결정적인 의미는 '버리고'(10:11~12)라는 단어에, 즉 손쉽게 이행하는 자의적 혼인 관계 파기에 있습니다.

예수님의 대답은 여러모로 바리새인들의 기존 관습을 비판합니다. "둘이 한 몸이 될지니라"(10:8)라는 하나님의 말씀으로, 암묵리에 일부다처제를 인정한 바리새인들을 비판하십니다. 동시에 "사람이 나누지 못할지니라"(10:9)라는 말씀으로, 남자들의 이혼과 재혼을 손쉽게 만든 바리새인들을 비판하십니다. 나아가 마태복음이 유대교 관습에 따라 아내를 버리는 남편만 언급한 반면(마 19:9), 마가복음은 남편과 아내를 모두 언급합니다. 이는 아내도 남편을 버릴 수 있는 당시의 로마법을 전제한 것이지만, 이혼에 있어서도 남녀의 동등한 권리를 강조합니다.

마지막으로 성경에 종종 등장하는 '간음'은 흔히 생각하는 음란한 행위가 아니라 '간통', 곧 '배우자에 대한 불륜'을 의미합니다. 예를 들어 요한복음 8장에 등장하는 간음한 여인도 음탕한 성매매자로 오해하곤 하지만 사실 불륜의 현장에서 잡혀 온 여인이었습니다. 그런 의미에서 예수님은 불륜 현장에서 남자는 빼고 여자만 잡아온 남자들의 위선을 꿰뚫어 보신 것입니다. 불륜을 로맨스로 포장하는 세상에서 예수님은 결혼의 숭고한 의미를 하나님의 말씀으로 다시 세우십니다.

PART 37

아이도 사람이다

마가복음 10장 13~16절

이제 주제가 부부 관계에서 어린이로 넘어옵니다. 사람들이 예수님께 어린아이들을 데려옵니다. 그런데 예수님의 제자들이 아이들을 제지하며 그들을 야단칩니다(야단맞는 '그들'이 우리말 성경 번역에는 없지만 헬라어 원문에는 있습니다.). 야단의 대상인 '그들'은 아이들을 데려온 어른들 같지만, 문법상 아이들일 수도 있습니다. 그들이 누가 되었든 어린아이들을 소중히 여기는 오늘날의 감각으로는 이해할 수 없는 처사입니다. 더구나 야단치는 자들이 예수님의 제자들이라는 사실은 당혹스럽기까지 합니다.

바로 그때 예수님이 화를 내십니다. "나는 마음이 온유하고 겸손하니"(마 11:29)라고 말씀하신 예수님께서 누군가에게 화내는 일은 복음서 전체를 통틀어 매우 드문 사건입니다. 마가복음만 보더라도 화내신 장면은 이 본문 외에 예수님이 안식일에 손 마른 사람을 고치는지 적의로 지켜보던 사람들에게 노하신 것이 유일합니다(3:5). 하지만 이때에도 화를 품고 적대자들을 둘러보셨을 뿐 화를 내시기는 않았습니다.

그런데 예수님은 아이들을 제지한 제자들을 향해 분노를 표출하시면서 "하나님의 나라가 이런 자의 것"(10:14)이며, "누구든지 하나님의 나라를 어린 아이와 같이 받들지 않는 자는 결단코 그 곳에 들어가지 못하리라"(10:15)라고 선언하십니다. 예수님은 '이런 자', 즉 '어린아이 같은 자'가 천국을 소유하고 '어린아이와 같이 천국을 받아들이는 사람'이 천국에 들어간다고 말씀하십니다.

그렇다면 어린아이와 같은 사람이란 어떤 사람을 말하는 것일까요? 우리는 '어린이'라고 하면 순수함, 깨끗함 같은 속성을 가장 먼저 떠올립니다. 그래서 어린아이와 같은 사람이라고 하면 순수하고 천진한 마음을 가진 사람을 생각합니다. 그러나 이것은 철저히 어린이에 대한 현대적 관념과 정서를 반영한 생각입니다. 제자들이 서로 누가 더 큰가 논쟁한 이야기(9:31~37)에서 언급한 대로, 예수님 당시의 어린이는 지금과 완전히 다른 사회적 위치에 있었습니다. 고대사회에서 어린이는 마치 노예처럼 온전한 사람으로 인정받지 못했습니다. 고대인들은 어린이를 남자도 여자도 아닌 존재로, 온전하지 못한 존재로 취급했음을 다시 상기할 필요가 있습니다.

역사 속에서 아이들은 가장 약한 존재였습니다. 사탄의 다스림이 지배하는 세상에서 가장 약한 존재는 언제나 인간으로서의 존엄을 박탈당하고, 이용당하고, 착취당합니다. '그런 어린아이가, 존중받아 마땅한 인간이 아닌 고작 소유물로 여겨지는 그런 존재가 감히 어떻게 거룩하고 지엄한 메시아 예수님께 가까이 올 수 있단 말인가?' 제자들은 이런 생각에서 아이들의 접근을 막았을 것입니다.

제자들의 태도는 그들이 유별나게 나쁜 사람이어서가 아니라 당대의 보편적 가치관과 상식을 반영한 행동일 뿐입니다. 그런데 이 일반적인 통념에 예수님은 분노하십니다. 같은 이야기를 전하는 다른 공관복음서들(마 19:13~15; 눅 18:15~17)과 달리 마가복음은 '노하시어'(10:14)라는 표현으로 예수님의 감정을 분명하게 전합니다. 예수님은 약한 존재를 향한 무시와 배제와 경멸을 참을 수 없어 화를 내신 것입니다. 그렇게 주님은 아이도 사람이라고, 하나님의 형상을 지닌 존귀한 존재라고 분노로 선언하십니다.

이런 맥락에서 천국은 어린아이와 같은 사람의 소유이며 그런 사람이 천국에 들어간다는 예수님의 말씀은 복음이 지니는 사회적 성격을 드러냅니다. 이는 천국은 세상에서 무시당하고 인정받지 못하는 자들에게 특권적으로 열려 있다는 말씀이기 때문입니다. 그런 의미에서 '어린아이와 같은 자'는 예수님이 "너희 가난한 자는 복이 있나니 하나님의 나라가 너희 것임이요"(눅 6:20)라고 말씀하셨을 때의 '가난한 자'와 다르지 않습니다. 유명한 산상설교의 복 선언처럼, 천국은 사회에서 어린이와 같은 지위를 가진 모든 약자를, 가난하고 박해받는 자들을 우선적으로 환영할 것입니다(마 5:3~12).

마지막으로 은혜의 가장 중요한 성격을 비유적으로 보여주는 존재라는 의미에서 아이는 천국과 연결됩니다. 아이는 대가를 위해 일하지 않고도 받아들여지는 존재이기 때문입니다. 믿음으로 구원을 받은 사람은 "일한 것이 없이 하나님께 의로 여기심을 받는 사람"(롬 4:6)이며, "그리스도 예수 안에 있는 속량으로 말미암아 하나님의 은혜로 값 없이 의롭다 하심을 얻은 자"(롬 3:24)입니다.

이처럼 아이는 대가나 공적을 헤아리지 않고 받아들여지는 존재인 동시에 주어진 것을 순전히 받아들이는 존재입니다. 아이들이 늘 천국에 가까운 이유는 이토록 충분합니다.

PART 38

내세(來世)의 복과 가족의 탄생

마가복음 10장 17~31절

신앙인 중에는 천국과 영생의 복을 원하는 동시에 이 땅에서의 세속적인 복도 누리길 원하는 사람들이 적지 않습니다. 내세의 영생과 현세의 복을 함께 누리고 싶은 것입니다. 하지만 예수님은 부자와의 대화를 통해 내세의 복과 현세의 복은 양립할 수 없음을 분명하게 선언하십니다. 이 충격적인 진실이 다시 '길' 위에서 펼쳐집니다(10:17).

예수님을 향해 달려온 부자는 무릎을 꿇고 "선한 선생님"이라 부르며 영생을 상속받을 방법을 묻습니다. 예수님은 대답에 앞서 '선한 선생님'이라는 호칭에 문제를 제기하시며 하나님 외에는 선한 이가 없다고 단언하십니다.

이것은 부자의 마음속에서 작동하는 선함의 체계를 부수려는 예수님의 작업입니다. 부자는 스스로 구축한 '선함의 체계' 속에서 예수님과 자신의 위치를 상정해 놓고, 조금 더 높은 선함을 향해 가려고 애쓰고 있었습니다. 그는 마치 선함의 계단이 있는 것처럼 선함의 체계를 세우고, 지금보다 조금 더 높은 선을 향해 나아가고자 했습니다. 이러한 노력은 좋은 의도였음이 분명합니다. 그러나 예수님은 선함을 하나님께로만 한정함으로써, 선의 계단을 올라 하나님께 닿으려는 인간의 노력을 단번에 부숴버리십니다.

마침내 하나님 앞에 알몸으로 선 부자는 구약성경에 계시된 영생에 이르는 길을 예수님의 입을 통해 듣습니다. 질문에 대한 대답으로 이웃 사랑과 관련한 십계명 후반부의 계명을 들은 부자는 이 계명들은 어려서부터 지켰노라고 겸손히 대답합니다. 같은 이야기를 보도한 마태나 누가와 달리 마가는 "그를 보시고 사랑하사"(10:21)라고 예수님의 반응을 묘사하며 부자의 말에 진정성을 실어줍니다.

그런데 예수님은 즉각 부자가 감당할 수 없는 조건을 하나 더 제시하십니다. "소유를 다 팔아 가난한 사람들에게 주어라! 그리고 와서 나를 따르라!" 예수님은 "한 가지 부족한 것"(10:21)이라고 하셨지만, 부자에게 이것은 '한 가지'가 아니라 '전부'였을 것입니다. 잠시 고뇌하던 그는 결국 근심한 표정으로 예수님을 떠나갑니다. 그에게는 재물이 많았기 때문입니다.

그 모습을 보신 예수님은 재물이 있는 사람은 천국에 들어가기 매우 어렵다며, 그 어려움의 정도를 낙타가 바늘귀로 지나가는 것에 비교하십니다.

낙타와 바늘귀의 대조는 다소 이상하게 들립니다. 그래서인지 몇몇 헬라어 필사본은 '낙타'를 헬라어 발음이 비슷한 '배 밧줄'이라는 단어로 바꾸어 적기도 했습니다. 밧줄이 바늘귀로 나가는 것이 원래의 비유보다 훨씬 자연스럽기 때문입니다. 또 어떤 사람들은 낙타 대신 바늘귀에 주목하여 바늘귀가 실제의 바늘귀가 아니라 예루살렘 성의 한 비좁은 출입문을 가리키는 별명이었다고 설명하기도 합니다. 두 시도 모두 그럴듯해 보이나 모두 가설에 불과합니다.

낙타와 바늘귀 비유에서의 핵심은 '불가능성'입니다. 예수님은 어려운 것이 아니라 절대 불가능하다고 말씀하십니다. 그러자 지금의 많은 그리스도인이 그런 것처럼 부(富)를 하나님의 축복으로 여겼던 제자들은 큰 충격을 받습니다. '세상에서의 부는 하나님의 축복이 아니란 말인가?' 충격에 신앙 전체가 흔들린 그들의 입에서 이런 말이 흘러나옵니다.

"그런즉 누가 구원을 얻을 수 있는가?"(10:26)

제자들이 받았을 충격과 당혹감은 우리와 크게 다르지 않을 것입니다. 이 혼돈 속에서 예수님은 선뜻 이해하기 힘든 신비한 말을 던지십니다.

"사람으로는 할 수 없으되 하나님으로는 그렇지 아니하니 하나님으로서는 다 하실 수 있느니라."(10:27)

마지막 문장 "하나님으로서는 다 하실 수 있느니라"가 헬라어 원문상 귀신 들린 아들의 아버지에게 하셨던 말씀 "믿는 자에게는 능히 하지 못할 일이 없느니라"(9:23)와 거의 동일하다는 사실은 이미 언급한 바 있습니다. 두 문장 모두 "모든 것이 가능하다(πάντα δυνατά판타 뒤나타)"로 시작하고, 차이는 9장의 "믿는 자에게는(τῷ πιστεύοντι토 피스튜온티)"이 10장에서 "하나님으로서는(παρὰ τῷ θεῷ파라 토 테오)"으로 바뀌었다는 것뿐입니다. 예수님의 이 신비한 말씀은, 구원은 인간의 노력이나 어떠함으로가 아니라 오직 하나님의 기적 같은 은혜로만 가능하다는 선언입니다.

이 말씀에 베드로는 우리는 모든 것을 버리고 당신을 따랐노라고 고백합니다. 선교 여행을 마치고 본거지인 가버나움 집으로 돌아가곤 했던 이전의 패턴과 달리, 지금은 목숨을 걸고 예루살렘을 향해 가는 길이니만큼 이 고백은 나름 진실성을 지니고 있습니다.

그러자 예수님은 나와 복음을 위하여 무언가를 버린 자는 현세에 있어 백배를 얻는다고 말씀하십니다. 이 약속은 예수님을 위해 투자한 재물을 백 배의 똑같은 재물로 돌려받는다는 의미가 아닙니다. 특이하게도 우리말 번역에서는 분명하지 않으나, 헬라어 원문에서는 버리는 것들의 목록에서 단수형으로 표현된 것들이 얻는 것의 목록에서는 모두 복수형으로 표현돼 있습니다. 또 이상하게도 버리는 것들의 목록에 있었던 '아버지'가 얻는 것들의 목록에서 사라지고 대신 '어머니들(mothers)'이 들어 있습니다.

이 두 가지가 의미하는 바는 분명합니다. '어머니들'은 있는데 '아버지들'이 없는 것은 이 가족이 하나님이라는 아버지를 중심으로 탄생한 새로운 가족, 즉 교회를 비유적으로 의미하기 때문입니다. 예수와 복음 때문에 가족에게 버림받은 사람들은 교회라는 새로운 가족을 박해와 더불어 얻게 됩니다.

세속의 축복은 그리스도교 신앙에 설 자리가 없습니다. 현세는 세속의 복이 아닌 박해의 장소이며, 진정한 복은 오직 내세(來世), 즉 '오는 세상'에서 영생으로 받습니다. 이것이 그리스도를 믿는 사람들의 진정한 소망입니다.

PART 39

길의 막바지, 오해의 절정

마가복음 10장 32~45절

다시 '길'(10:32)이 등장합니다. 최종 목적지는 점점 더 가까워지고, 예루살렘을 향한 길 위에서 예수님은 성큼성큼 앞장서 걸으십니다. 따르는 사람들은 놀라고 두려워합니다. 죽기 아니면 살기, 이 길의 의미가 점점 더 무겁고 가깝게 다가오기 때문입니다.

예수님은 특별히 열두 제자를 따로 불러 마지막으로 예루살렘에서 당할 일을 설명하십니다. 그런데 앞선 두 예고 때보다 더 깊어진 제자들의 오해가 나타납니다. 메시아 예수께서 권세의 왕으로 등극하시리라는 착각 속에서, 미래의 영광에 취한 제자들이 논공행상을 논하며 다투기 시작합니다. 그 계기는 세베대의 아들 야고보와 요한의 요구였습니다. 야고보와 요한은 영광의 권좌에 오르실 때 자기 형제를 예수님의 우편과 좌편에 앉게 해달라고 다른 제자들 앞에서 당당하게 요구합니다. 두 형제는 그럴 만한 공적과 자격이 충분하다고 자신했습니다.

실제로 야고보와 요한은 제자 중에서 특출한 제자들이었습니다. 베드로와 함께 수제자 삼총사에 들었던 이 형제는 야이로의 딸을 살리신 사건이나 변화산 사건 같은 예수님의 내밀한 기적을 목격했고(5:37, 9:2), 감람 산에서 비밀스러운 종말의 예언을 들었으며(13:3), 겟세마네 동산에서는 예수님과 가장 가까이 있었습니다(14:33). 게다가 예수님의 부활 이후 형 야고보는 첫 번째 순교자로 이름을 높였고(행 12:1~2), 동생 요한은 주의 형제 야고보, 베드로와 함께 초대교회의 기둥 역할을 감당하며(갈 2:9) 많은 신약성경의 저자로 여겨질 만큼 존경을 받았습니다. 심지어 그들의 어머니도 아들들과 함께 십자가에 이르기까지 예수님을 따랐습니다(마 27:56).

그래서인지 마태복음은 야고보와 요한이 예수님께 했던 요구를 형제가 아니라 그들의 어머니가 한 것으로 전합니다(마 20:20). 예수님을 따르던 여인들이 자신들의 재산을 바쳐 예수님 일행을 섬겼다는 성경의 언급(눅 8:3)을 고려하면, 야고보와 요한의 어머니는 재정적으로도 예수님 일행을 지원했을 것입니다. 재정적 지원이나 어머니가 함께 따라다니는 일은 아버지의 허락 없이는 불가능했을 것입니다. 이들이 '세베대'의 아들로 불리며 그 아버지의 이름이 성경에 자주 언급되는 것을 보면 가족 전체가 예수님을 물심양면으로 지원했을 가능성이 큽니다. 그러했기에 그들은 그렇게 당당하게 요구했을 것입니다. 그들의 요구는 자격이 충분하다는 생각 없이는 감히 할 수 없는 요구였기 때문입니다. 하지만 형제의 요구를 들으신 예수님은 쓸쓸하게 말씀하십니다.

"너희는 너희가 구하는 것을 알지 못하는도다. 내가 마시는 잔을 너희가 마실 수 있으며 내가 받는 세례를 너희가 받을 수 있느냐?"(10:38)

겟세마네 동산의 기도에도 등장하는 '잔'이 상징하는 바는 명백히 죽음입니다. '세례(洗禮)'도 마찬가지입니다. 세례의 의미를 사람들은 단어에 사용된 한자 때문에 '죄를 씻는 것'이라고 생각합니다. 물론 그 의미도 있지만 본질적으로 상징하는 바는 '죽음'입니다. 예수님의 세례에서도 설명했듯이 세례는 본래 그 형식에 있어서 호흡이 있는 생물을 물에 완전히 담그는 예식, 즉 침례(浸禮)이기 때문입니다('세례'에 해당하는 헬라어의 뜻은 '담그다'입니다.). 그런 까닭에 예수님은 자신의 죽음을 암시하며 다음과 같이 말씀하셨습니다.

"나는 받을 세례가 있으니 그것이 이루어지기까지 나의 답답함이 어떠하겠느냐?"(눅 12:50)

사도 바울 역시 "그러므로 우리가 그의 죽으심과 합하여 세례를 받음으로 그와 함께 장사되었나니"(롬 6:4)라고 말하며, 세례가 지닌 죽음의 의미를 분명하게 보여줍니다.

훗날 부활 이후에 변화된 두 형제는 주님의 잔을 마시고 세례를 받게 되겠지만, 지금의 야고보와 요한은 아무것도 모르고 완전히 오해한 채 '할 수 있다'고 장담합니다. 그리고 이제껏 이 광경을 지켜보던 제자들은 마침내 분노를 터뜨립니다. 그러자 예수님은 높은 권세를 차지하려고 다투는 제자들에게 세상의 가치와는 다른 하나님 나라의 전복된 가치를 가르치십니다. 힘이 있는 자는 약한 자를 누르고 맘껏 다루는 것이 아니라 오히려 약한 자를 섬겨야 한다고 가르치십니다. 그리고 자기 자신이 그 가치를 보여주기 위해 세상에 왔다고 말씀하십니다.

"인자가 온 것은 섬김을 받으려 함이 아니라 도리어 섬기려 하고 자기 목숨을 많은 사람의 대속물로 주려 함이니라."(10:45)

교회에서 즐겨 사용하는 '섬김'이라는 말은 일견 우아한 표현처럼 들리지만, 고대 사회에서는 문자 그대로 종, 노예로서 주인을 섬긴다는 뜻입니다. 우리는 예수님을 주님(Lord), 즉 주인님이라 부르지만 정작 주님이신 예수님은 스스로를 '종'이라 칭하십니다. 힘은 주인으로 군림하기 위함이 아니라 종으로 섬기기 위한 것이라고, 신앙공동체에서는 세속적 힘의 논리가 지배해서는 안 된다고 본을 보여주십니다.

특별히 주님은 스스로의 목숨을 '대속물', 즉 '몸값(ransom)'이라고 말씀하십니다. 예수님은 사탄이 다스리는 나라의 세속적 가치관들을 '사람의 일에 대한 생각'이라고 표현하신 바 있습니다(8:33). 바로 이 '사람의 일에 대한 생각'에 사로잡힌 인간, 한마디로 죄의 노예가 된 인간을 해방시키기 위해 자신의 목숨을 몸값으로 치르는 것이라며 예수님은 죽음에 앞서 십자가 구속의 의미를 설명하십니다.

예루살렘으로 이르는 길은 막바지로 접어들었고, 제자들의 오해는 절정으로 치닫습니다. 고난의 십자가를 생각하시는 예수님과 영광의 보좌를 생각하는 제자들 사이는 갈릴리와 예루살렘만큼이나 멉니다. 몸은 예수님을 따르지만 마음은 사람의 일을 따르는 제자들의 모습이 그저 낯설지만은 않습니다.

PART 40

길 끝에서 일어난 기적

마가복음 10장 46~52절

예루살렘을 목전에 둔 예수님 일행이 여리고에 이르렀을 때, 마침내 '길' 모티프의 마지막 이야기가 시작됩니다. 수난의 제자도를 주제로 한 '길 이야기' 단락(8:27~10:52)은 벳새다에서 시각장애인을 치유하신 이야기(8:22~26)로 시작해 여리고에서 시각장애인 바디매오를 치유하신 이야기로 끝을 맺습니다.

특별히 바디매오 이야기에서 '길'이라는 단어는 두 차례, 처음과 마지막에 등장합니다.

바디매오가 날 때부터 시각장애인이었는지, 아니면 후천적 시각장애인이 되었는지는 알 수 없지만, 지금 그의 처지는 타인의 동정에 기대어 살 수밖에 없는 거지 신세입니다. 그에 더해 마가는 바디매오를 "디매오의 아들"(10:46)이라고 풀어 설명합니다. '디매오'는 히브리어로 '부정하다'라는 뜻입니다. 그러니 바디매오는 '부정함의 아들'이라는 뜻입니다. 이것이 멀쩡한 사람의 이름일 리가 없습니다. 아마도 그를 향한 멸칭(蔑稱)이었을 것입니다.

사람들에게 '부정함의 아들'이라 멸시받으면서 길가에서 구걸하던 그가 나사렛 예수라는 말을 듣자 소리를 지릅니다.

"다윗의 자손 예수여, 나를 불쌍히 여기소서!"(10:47)

입 다물고 조용히 있으라 꾸짖는 사람들의 만류에도 그는 더욱 크게 소리를 지릅니다. 아마도 사람들은 이 불결한 거지 때문에 위대한 선지자가 불쾌해하지는 않을까 걱정했을 것입니다. 아니면 거지가 외친 '다윗의 자손'이라는 칭호가 사람들을 거리끼게 했을지 모릅니다. '다윗의 자손'이란 메시아를 가리키는 칭호이기도 했기 때문입니다. 분명 어떤 사람은 갈릴리 출신의 시골 선지자를 향해 메시아라고 소리치는 것을 못마땅하게 여겼을 것입니다.

하지만 바디매오는 자신의 생계를 유지시켜 주는 사람들의 만류에도 불구하고 더욱 크게 예수님을 향해 자신을 불쌍히 여겨 달라고 소리칩니다. 이 간절함에 예수님이 반응하십니다. 사람들은 예수님이 그를 부르신다고 알려줍니다.

"안심하고 일어나라. 그가 너를 부르신다."(10:49)

〈개역개정판〉이 "안심하라"로 번역한 헬라어 단어는 원어의 용례를 고려할 때 〈새번역〉처럼 "용기를 내시오"로 번역하는 것이 더 적절합니다. 같은 절을 〈새번역〉은 다음과 같이 번역합니다.

"용기를 내어 일어나시오. 예수께서 당신을 부르시오."

용기 내라는 말을 듣고 바디매오는 정말로 용기를 냅니다. 예수님이 어디 계신지도 모른 채 겉옷을 내던지고 뛰어 일어납니다. 일반적으로 겉옷을 버리는 행동은 의미심장한 일입니다. 일반적으로 겉옷은 사회적 지위를 드러내는 미적 기능을 담당하지만, 일교차가 극심한 근동 지방에서는 추위와 더위를 막아주는, 즉 생존과 직결된 보호 수단이었습니다. 그래서 구약의 율법은 겉옷을 전당물로 잡았다 해도 해 질 무렵에는 반드시 원주인에게 돌려주어야 한다고 명시합니다(신 24:13). 바디매오는 바로 그런 겉옷을 던져버린 것입니다. 앞이 보이지 않는 그가 겉옷을 던져버렸다가 만일 일이 실패하면 다시 찾을 도리가 없습니다. 다시 말해 그는 예수님과의 만남에 모든 것을 건 것입니다.

그리고 그는 뛰어 일어납니다. 이 즉각적인 행동은 마가복음이 즐겨 사용하는 '곧(εὐθύς유튀스)'이라는 단어를 떠올리게 합니다. 첫 번째 제자를 부르셨을 때 그들이 '곧' 예수님을 따랐던 것처럼(1:18) 바디매오는 즉각적인 결단으로 예수님께 나아갑니다.

무엇을 해 주기를 원하냐고 묻는 예수님께 바디매오는 보기를 원한다고 답합니다. 이때 중요한 것은 그가 예수님을 부른 호칭입니다. 우리말 성경은 "선생님"으로 번역했지만 헬라어 원문은 '라부니'(또는 랍오니)입니다. '나의 선생님'을 뜻하는 아람어 호칭 '라부니'는 신약성경 전체에서 이곳을 제외하고는 유일하게 막달라 마리아가 부활하신 예수님을 만났을 때 사용되었습니다(요 20:16). 자신의 이름을 부르신 예수님께 막달라 마리아가 '라부니'로 대답했다는 사실은 두 사람이 친밀한 사제지간이었음을 증명합니다.

격식을 차린 '선생님'이 아닌 '나의 스승님', 그 친밀한 호칭을 바디매오가 예수님께 사용합니다. 시력이 회복되기도 전에 이미 바디매오는 예수님을 따르기로 결단한 것처럼 보입니다. 그런 바디매오를 향해 예수님은 "네 믿음이 너를 구원하였느니라"(10:52)라고 선언하십니다.

생존을 위한 마지막 보호 수단인 겉옷을 던져버린 것, 삶의 최후 보루를 버린 행동은 전적으로 하나님을 신뢰함을 의미합니다. 반대로 내가 하나님을 신뢰하는지 아닌지는 내가 의지하는 최후의 보호 수단을 버렸는지의 여부로 증명할 수 있습니다. 위대한 하나님에 대한 신뢰야말로 진정한 믿음입니다.

공생애를 시작하신 예수님의 첫 번째 일성에서도 확인했듯이(1:15) 믿음은 내용에 대한 동의(believe)가 아니라, 결단을 동반한 인격에 대한 신뢰(trust)입니다. 그 믿음을 바디매오는 예수님께 보였고, 예수님은 이 믿음으로 바디매오가 구원받았다고 선언해 주십니다.

예수님을 '라부니', '나의 스승님'으로 부른 바디매오는 '곧' 보게 되고 스승 예수님을 '길에서' 따릅니다(10:52). 이전에 예수님을 찾아왔던 부자가 자기 소유를 버리지 못해 예수님을 따르지 못한 반면, 시각장애인 거지는 자신의 모든 것을 내던진 결과 마침내 길에서 예수님을 따르는 데 성공합니다. 모든 제자가 실패한 지점에서 바디매오는 유일하게 성공합니다. 그리고 예수님을 스승으로 부르면서 그분의 진정한 제자가 됩니다.

이런 의미에서 바디매오에게 일어난 진정한 기적은 그의 시력 회복이 아니라, '길가'에 있던 그가 모든 것을 버리고 '길 안'으로 뛰어들어 고난을 향해 가시는 예수님을 따랐다는 사실입니다.

PART 41

겸손한 왕의 초라한 입성

마가복음 11장 1~11절

마침내 예수님이 예루살렘으로 입성하십니다. 이 하나님의 도성은 역설적이게도 하나님께서 보내신 선지자들을 끊임없이 죽이는 도시였습니다(마 23:37; 눅 13:34). 선지자들을 죽이는 도시 안으로, 예수님은 고난받고 죽임을 당하기 위해 들어가시려 합니다.

예루살렘에 가까이 이르자 예수님은 입성 준비를 하십니다. 입성은 철저하게 구약성경에 나타난 메시아 예언의 성취로 묘사됩니다. '매여 있는 나귀 새끼'(11:2)는 창세기의 유다에 관한 예언 중 유다의 후손인 메시아를 암시하는 대목에 등장합니다.

"그의 나귀를 포도나무에 매며 그의 암나귀 새끼를 아름다운 포도나무에 맬 것이며 또 그 옷을 포도주에 빨며 그의 복장을 포도즙에 빨리로다."(창 49:11)

또한 나귀를 탄 입성은 선지자 스가랴의 예언을 따릅니다.

"시온의 딸아 크게 기뻐할지어다 예루살렘의 딸아 즐거이 부를지어다 보라 네 왕이 네게 임하시나니 그는 공의로우시며 구원을 베푸시

며 겸손하여서 나귀를 타시나니 나귀의 작은 것 곧 나귀 새끼니라."(슥 9:9)

구약의 예언을 따라 초라하고 작은 나귀 새끼를 탄 왕의 모습은 종으로 오신 메시아의 겸손함을 잘 드러냅니다.

그런데 예수님이 가까운 마을로 제자 두 명을 보내 나귀를 가져오게 하시는 장면에는 오해를 불러일으키는 우리말 번역이 있습니다. "만일 누가 너희에게 왜 이렇게 하느냐 묻거든 주가 쓰시겠다 하라 그리하면 즉시 이리로 보내리라"(11:3)라는 구절입니다. 이 〈개역개정판〉 번역은 마치 예수님께서 쓰겠다고 말하면 그 위엄에 놀란 사람들이 바로 나귀를 주리라는 뜻으로 들립니다.

하지만 이것은 오역에 가깝습니다. 원문을 살펴보면 "주가 쓰시겠다"와 "즉시 이리로 보내리라"의 주어가 같다는 사실을 발견하게 됩니다. 그리고 결정적으로 "즉시 이리로 보내리라"로 번역된 문장에는 원문에 있는 단어 하나가 빠졌는데, 바로 '다시'(πάλιν팔린)라는 단어입니다. 따라서 뒷문장의 바른 해석은 "즉시 이리로 다시 보내리라"입니다. 마찬가지로 '다시'라는 단어를 빼놓긴 했지만 〈새번역〉 성경은 원문을 훨씬 올바르게 번역하고 있습니다.

"주님께서 쓰시려고 하십니다. 쓰시고 나면, 지체없이 이리로 돌려보내실 것입니다."

번역 문제와 관련해 한 가지 더 말하자면 이때 쓰인 '주(κύριος퀴리오스)'라는 호칭은 하나님에 버금가는 의미의 '주'가 아니라, 일상생활에서 관습적으로 사용하는 '선생님'이나 주인과 하인관계에서의 '주인님' 정도의 '주'입니다. 마가복음의 첫 부분에서 설명했듯이 마가복음에서는 제자들을 포함하여 그 누구도 예수님을 고양된 의미를 지닌 '주'로 부르지 않습니다. 그러므로 나귀는 만물 위에 주권을 행사하는 하나님이신 예수님의 권위로 취하신 것이 아니라, 마을 사람들의 호의에 기대어 잠시 빌려오신 것입니다.

이 사실은 새끼 나귀와 더불어 메시아의 겸손함을 더욱 강조하는 요소로 작용합니다. 만일 잘못된 번역에서처럼 예수님이 신적인 권위로 만물의 주인 됨을 행사하신 것이라면 그것이야말로 예루살렘 입성에서 가장 중요한 모티프인 겸손한 메시아 상과 가장 상반되는 모습이었을 것입니다.

나귀 새끼를 타고 초라하게 입성하시는 예수님을 따라 예루살렘까지 온 사람들이 앞서거니 뒤서거니 하며 수행합니다. 그들은 겉옷과 나뭇가지를 길에 펴고 "호산나!", 즉 "구원하소서!"라고 외치며 메시아를 찬송합니다. 그런데 정작 예루살렘 성의 반응은 전무합니다. 예수님이 예루살렘 안으로 들어가셨을 때도 성 안 사람들은 예수님 일행에 동조하거나 반응하지 않습니다.

이러한 묘사는 요한복음과 가장 대조됩니다. 요한복음은 예수님이 오신다는 소문을 듣고 성 안의 큰 무리가 찬송하며 나뭇가지를 들고 예수님을 맞으러 나온 것으로 묘사합니다(요 12:12~13). 심지어 나뭇가지의 수종(樹種)까지 언급하는데, '종려나무'라고 명확하게 표기합니다. 우리가 예루살렘 입성을 기념하는 주일을 '종려주일'이라고 부르는 것은 다 요한복음 덕분입니다.

이러한 웅장하고 거창한 요한복음의 묘사와 달리 마가복음은 초라한 입성을 전합니다. 성 안에서는 아무도 예수님을 환영하지 않습니다. 오히려 예수님을 죽이려 하는 적대자들 때문에 예수님은 거처조차 마련하지 못하십니다. 날이 저물었을 때 열두 제자를 데리고 베다니로 가셨다는 보도(11:11)는 고난주간에 예수께서 예루살렘에 체류하신 패턴을 보여줍니다.

대제사장들과 서기관들은 성전에 가득 모인 사람들 때문에 함부로 예수님을 붙잡을 수 없었지만 밤에는 사정이 달랐습니다. 군중이라는 보호막이 없는 상태에서 얼마든지 예수님을 붙잡을 수 있었습니다. 이런 까닭에 예수님 일행은 밤이면 거처를 숨긴 채 성 밖으로 나가십니다(11:19). 적대자들에게 가룟 유다의 배신이 필요했던 이유도 이 때문입니다. 예수님의 거처를 몰랐기 때문에 그것을 일러줄 밀고자가 필요했습니다.

찰나 같은 영광의 순간을 뒤로하고, 이제 마가복음은 밤이 되어 성을 빠져나가는 예수님과 제자들의 모습과 함께 본격적인 메시아의 수난 이야기로 돌입합니다.

PART 42

변명과 믿음

마가복음 11장 12~25절

베다니에서 예루살렘으로 들어가는 길에 시장하신 예수님은 무화과나무를 보고 배를 채울 열매가 있을까 싶어 다가가십니다. 하지만 아무것도 발견하지 못하자 예수님은 놀랍게도 무화과나무를 저주하십니다. 무화과나무는 하루 만에 뿌리째 말라 버립니다. 이 이야기는 예수님의 행적과 관련해 이해하기 힘든 이야기 중 하나입니다. 아무리 봐도 무화과나무의 잘못이 없어 보이기 때문입니다.

마가는 이렇게 기록합니다. "이는 무화과의 때가 아님이라."(11:13) 철이 아닌데 무화과나무가 열매를 맺을 리 없습니다. 그래서 마치 배고픈 예수님이 애꿎은 무화과나무에게 화풀이하신 것처럼 보입니다. 하지만 이러한 인상과 달리, 무화과나무 이야기는 깊고 날카로운 신앙의 본질을 논합니다. 이는 다음 사건과의 관계에서 선명하게 드러납니다.

무화과나무가 저주받고 그것이 실현되는 이야기 사이에 예루살렘 성전 정화 사건이 끼어 있습니다. 이미 살펴보았듯이 주제가 밀접한 두 이야기를 샌드위치처럼 배치한 것은 마가복음의 문학적 특징 중 하나입니다. 우리는 앞서 예수님을 미쳤다고 잡으러 온 가족과 바알세불 논쟁 이야기(3:20~35), 야이로의 딸과 혈루증 걸린 여인의 이야기(5:21~43)를 통해 '샌드위치 구조'를 경험한 바 있습니다.

다시 강조하지만 이 구조의 가장 중요한 특징은 두 이야기가 주제와 언어 면에서 밀접하게 관련돼 있다는 점입니다. 따라서 무화과나무의 저주 이야기는 샌드위치 구조를 이루는 성전 정화 사건과의 밀접한 관계 안에서 진정한 의미를 획득합니다. 성전 정화 사건의 의미를 잘 파악한다면, 이상하게 보이는 무화과나무 이야기를 이해하는 데 큰 도움을 받을 것입니다.

성전에 들어가신 예수님은 그곳에서 장사하고 환전하는 사람들의 상을 둘러엎고 그들을 쫓아내십니다. 그런 뒤 만민이 기도하는 집을 강도의 소굴로 만들었다고 질책하십니다. 이때 마가는 예수님이 성전 안에서 물건을 가지고 지나다니지 못하게 하셨다고 전합니다(11:16). 몇몇 학자는 이 물건(그릇)을 성전 제의에 사용하는 기구로 추측합니다. 만일 통행을 금지시킨 물건이 제의에 쓰이는 그릇이나 물품들이라면 예수님은 성전 제의마저 금하신 셈입니다.

"너희는 강도의 소굴을 만들었도다."(11:17)

예수님은 '너희'로 지칭된 성전 제의 책임자인 대제사장들과 서기관들을 정면으로 비난하십니다. 그러자 이 말을 전해 들은 대제사장들과 서기관들은 예수님을 죽일 방도를 모색합니다.

우리는 '강도의 소굴'이라는 말에서 불의한 매매와 환전을 통해 제사장들이 엄청난 부를 축적했으리라 추측합니다. 그들이 허락한 모든 매매와 환전이 더러운 돈벌이자 신성모독이었기에 예수님이 분노하셨다고 생각합니다. 하지만 이러한 짐작과 달리 매매나 환전 자체는 문제가 아니었습니다. 오히려 그 둘은 효율적인 성전 예배를 위해 불가피한 일이었습니다.

예루살렘 성전은 여러 구역으로 나눠져 있었는데, 그중 이방인들이 들어갈 수 있는 이방인 구역에서는 제한적으로 상행위가 가능했습니다. 유월절 같은 대명절에는 아프리카, 그리스, 아시아 등 세계 각지에서 순례자들이 모여들었는데, 이때 그들이 희생제물로 쓸 가축을 직접 끌고 온다는 것은 상상하기 어렵습니다. 그리고 이스라엘 사람이라면 의무적으로 바쳐야 하는 성전세는 반드시 이스라엘 은화로 바쳐야 했습니다. 그러니 외국에서 온 순례자들에게 환전은 필수 요소였습니다. 즉, 제한된 구역에서의 상행위와 환전은 모두 예배드리러 온 사람들의 불가피한 사정과 관련이 있었습니다.

대제사장들이 이를 통해 부당한 이익을 얻었을 수 있지만, 근본적인 목적은 순례자들이 성전 예배를 잘 드리게 하기 위함이었습니다. 그러니 그들의 입장에서는 거룩과 관련한 극단적이고 철저한 예수님의 견해를 받아들일 수 없을 뿐더러, 그 행동은 성전의 예배 시스템을 모조리 무너뜨리는 사건이었습니다. 성전과 예배에 목숨을 건 그들이 예수님께 적대감을 품는 것은 어찌 보면 당연했습니다. 그러므로 그들의 반문은 다음의 말로 요약할 수 있습니다. "예수, 당신 말대로 한다면 예루살렘의 성전 제의는 이제 불가능하다!"

적합한 때가 아니라서 열매를 맺지 못한 무화과나무처럼, 예배를 관장하는 그들에게도 납득할 만한 합리적인 이유가 있었습니다. 모든 것은 예배의 유지를 위해 어쩔 수 없는 일이다, 거룩도 중요하지만 현실도 중요하다, 돈이 없다면 어떻게 이 시스템을 유지할 수 있단 말인가, 현실을 무시한 신앙은 존재하기 어렵다 등등. 그런데 우리에게도 낯익은 이러한 논리들에 대해, 합리적인 변명들에 대해 예수님은 이렇게 대답하십니다.

"하나님을 믿으라."(11:22)

그것이 아무리 합리적이고 이성적이라 해도 그 어떤 변명도 믿음 앞에는 서지 못한다는 것이 예수님의 결론입니다. 그리고 이것이 바로 무화과나무의 교훈입니다.

때가 아니라 불가능하다는 합리적인 변명이 하나님 앞에서는 통하지 않습니다. 불가능하다는 생각은 하나님을 믿지 못하는 우리의 한계를 드러낼 뿐입니다. 믿는 자에게는(9:23), 하나님으로서는(10:27), 모든 것이 가능하기 때문입니다.

PART 43

성전 논쟁의 시작:
제도적 권위에 대하여

마가복음 11장 27절~12장 12절

예수님의 공생애 초기 사건으로 잘 짜인 다섯 개의 논쟁(2:1~3:6)을 전했던 마가복음은 다시금 공생애 마지막에 중요한 세 개의 논쟁과 종합적 결론(11:27~12:34)을 함께 소개합니다.

전자의 논쟁들이 갈릴리에서 일어난 반면, 앞으로 나올 논쟁들은 예루살렘 성전 한복판에서 일어납니다. 그중 첫 번째 논쟁은 종교 권력에 관한 것입니다. 하나의 종교를 제도화하고 그것을 유지하고 운영하는 데에는 '권위'가 필수적입니다. 유대교에서는 이 권위가 대제사장들과 서기관들과 장로들에게 있었습니다. 이들은 '산헤드린'이라 불리는 이스라엘 최고 의회의 구성원이기도 했습니다. 따라서 그들은 종교뿐 아니라 정치에서도 최고의 권위를 지닌 사람들이었습니다.

예수님을 없앨 방법을 모색했으나(11:18) 군중이 두려워 실행하지 못하던 그들은 이제 노골적인 함정을 파고 예수님과 논쟁을 벌입니다. 권위의 주체인 자신들이 부여하지 않은 예수님의 권위에 의문을 제기하며 정체를 묻습니다. 그들은 구체적으로 '이런 일'(11:28)을 할 수 있는 권위를 누가 주었는지 묻습니다. '이런 일'이란 앞서 일어난 성전 정화 사건을 가리킵니다. 그들은 그 어떤 권위도 없이 성전에서 난동을 부린 갈릴리 출신의 시골 선지자를 자신들이 소유한 권위로 징벌하려고 했습니다.

질문에 대한 답은 이미 그들 마음속에 들어 있습니다. 종교 지도자인 동시에 권위의 주체자인 자신들에게서 부여받은 권위가 아니니, 예수님의 대답은 "하나님이 주셨다"여야 합니다. 그렇다면 이는 예수를 죽일 수 있는 근거가 됩니다. 하지만 그들이 함정을 파고 기다린 대답은 아이러니하게도 가장 올바른 답변이었습니다. 예수님 편에서 보면 "하나님이 주셨다"라는 대답은 유일하게 진실에 부합하고, '사람으로부터'라는 대답은 거짓이기 때문입니다.

그러나 예수님은 그렇게 답하지 않으십니다. 그 정답이 앙갚음과 살해에 눈먼 그들에게 깨달음의 계기가 아니라 공격의 빌미만 됨을 아셨기 때문입니다.

불순한 의도를 품고 권위를 문제 삼았지만, '권위'는 질서를 유지하는 데 있어 필수 불가결한 요소입니다. 제도적 권위의 중요성은 교회의 치리와 설교와 성례를 위해 목사에게 권위를 부여하는 교회에서도 분명하게 드러납니다. 만일 신학교라는 제도적 장치를 거치지 않고 아무나 하나님의 계시를 받았다며 하늘의 권위를 주장한다면 큰 혼란이 일어날 것입니다. 거짓 영의 창궐을 막을 도리가 없기 때문입니다.

그러기에 권위를 제도 안으로 한정시키고 그 권위로 목사의 자격을 시험하고 훈련시켜 권위를 부여하는 일은 매우 중요합니다. 성직자의 권위는 사람에 의해 부여되지만 아론의 제사장직에서 보듯 성직자의 원천적인 권위는 하나님에게서 주어집니다. 이 권위를 어지럽히고 흔드는 것은 부당하고 매우 위험합니다.

하지만 아주 드물게 하나님으로부터의 진정한 권위가 제도권 밖에 존재할 때가 있습니다. 성령이 제도권 밖에서 임할 수도 있기 때문입니다. 이 예외적인 현상을 시험하고 인정하는 것 역시 제도적 권위의 책임입니다. 제도권 밖에서 발생한 어떤 권위가 혹시라도 하나님으로부터일지 모르니 교회는 이를 잘 조사하고 판단해야 합니다. 예수님에 맞선 유대교 지도자들이 등한시한 것은 바로 이 책임이었습니다.

진퇴양난의 질문 앞에서 예수님은 정답을 말하기보다 질문 자체가 지닌 그릇된 전제를 공격하십니다. 제도권 밖에서 하나님으로부터의 권위를 지녔던 요한의 세례를 예로 드시며 역으로 적대자들에게 그것의 정당성을 물으십니다. 질문의 그릇된 전제, 즉 질문 자체에 문제를 제기하며 질문의 허위와 무지를 드러내는 전략은 예수님이 자주 택하신 방법입니다.

반문하시는 예수님의 질문에 종교 지도자들은 대답하지 못합니다. 그들은 예수님과 마찬가지로 세례 요한의 권위 역시 인정할 수 없었지만, 백성들이 두려워 솔직하게 주장하지 못합니다. 그들은 무책임하고 무지할 뿐 아니라 비겁하기까지 합니다. 위선적인 비겁함을 보신 예수님은 포도원 농부의 비유로 그들의 파멸을 예언하십니다.

악한 포도원 농부의 비유는 의미하는 바가 매우 분명합니다. 하나님이 맡기신 하나님의 백성을 유대교 지도자들은 마치 자신들이 주인인 양 지배하고 다스리려 합니다. 그들은 이를 경고하는 하나님의 종인 선지자들을 핍박하고 살해하며, 끝내는 하나님의 아들마저 살해합니다. 하나님의 포도원인 백성들은 이제 악한 농부인 유대교 지도자들에게서 그리스도 교회로 넘어올 것이며, 이스라엘 민족을 넘어 전 인류로 확대될 것입니다. 언약과 율법의 전문가임을 자처한 그들이 쓸모없다고 내다 버린 돌로서 십자가에 처형당하신 예수님은 부활하신 그리스도로 마침내 하나님의 집인 교회의 머릿돌이 되실 것입니다. 이 모든 일이 그들이 살해한 하나님의 "사랑하는 아들"(1:11, 9:7)을 통해 일어날 것입니다.

은혜로 주어진 하나님의 권위로 타인을 섬기지 않고 독점하면서 지배의 도구로 삼는 모든 시도는 결국 두려움과 비겁함 속에서 파멸한다는 사실을 예수님은 똑똑히 보여주십니다.

PART 44

두 번째 성전 논쟁:
정치에 대하여

마가복음 12장 13~17절

성전에서 두 번째 논쟁이 벌어지고, 주제는 정치 영역으로 넘어옵니다. 쟁점은 가이사(카이사르), 즉 로마 제국의 황제에게 세금을 바치는 행위입니다.

로마의 식민 지배하에 있었던 이스라엘에는 정치적 입장과 관련해 각 종파와 계층 사이에 다양한 견해가 존재했습니다. 로마에 폭력으로 대항해 독립을 쟁취하고자 하는 열심당원들이 있었고, 식민 지배 속에서 유대교를 보존하려는 예루살렘의 제사장들이 있었습니다. 또 외래 문화를 적극 수용하여 이를 신앙에 접목시킨 사두개파 같은 사람들도 있었습니다. 만일 이들 중 어느 한쪽의 손을 들어주면 나머지는 모두 적이 되는 상황이었습니다.

주제가 주제이니만큼 공격자들이 대제사장, 서기관들, 장로들에서 바리새인과 헤롯당으로 변합니다. 바리새인과 헤롯당의 연합은 공생애 초기에 벌어진 논쟁들(2:1~3:6)의 결론 부분에서 이미 등장한 바 있습니다.

"바리새인들이 나가서 곧 헤롯당과 함께 어떻게 하여 예수를 죽일까 의논하니라."(3:6)

바리새인과 헤롯당, 종교와 정치의 결탁, 이들은 이미 예수님의 사역 초기부터 예수님을 없애려고 작정한 사람들이었습니다. 첫 번째 논쟁에서 패배한 대제사장과 서기관들과 장로들은 다시금 예수를 함정에 빠뜨리려고 바리새인과 헤롯당 사람들을 예수님께 보냅니다. 새로운 적으로 다시 등장한 이들과 예수님의 두 번째 논쟁이 시작됩니다.

로마 제국에 세금을 납부하는 문제는 무장 폭력으로 독립을 쟁취하려는 유대교의 극단적 종파인 열심당의 탄생과도 밀접한 관련이 있습니다. 로마의 초대 황제 아우구스투스가 인구조사 후 처음으로 주민세를 거뒀을 때, 열심당의 시조인 갈릴리 출신의 유다(행 5:37)가 납세 거부 운동을 일으키며 무력투쟁으로 독립운동을 전개한 바 있습니다. 그러나 봉기는 실패로 돌아갔고, 나사렛 가까이에 위치한 갈릴리의 수도 세포리스에서 무려 2천여 명이 십자가에 못 박혀 처형당했습니다. 예수님이 태어난 직후에 일어난 사건이었습니다.

당시 이스라엘 사람들의 뇌리에 강하게 남았을 이 비극적인 사건은, 황제 가이사에게 세금을 바치는 것이 '옳으냐'는 질문 뒤에 숨은 중요한 배경입니다.

"가이사에게 세금을 바치는 것이 옳으니이까 옳지 아니하니이까 우리가 바치리이까 말리이까."(12:14~15)

"옳으니이까?(ἔξεστιν)"라는 질문은 이미 여러 차례(2:24, 3:4, 6:18, 10:2) 봐왔던 것처럼 '율법이 허락하고 있는가'를 묻는 것입니다. 즉, 순수하게 정치적 입장만 묻는 것이 아니라 신앙의 관점도 포함합니다. 이는 논쟁에 바리새인이 함께 등장하는 이유를 말해주며 다시 한번 종교와 정치의 교묘한 야합을 보여줍니다.

바리새인과 헤롯당 사람들은 예수님께 입에 발린 위선적인 칭찬을 늘어놓은 후 위험한 양자택일의 질문을 던집니다. 납세 거부자로 황제 반역죄를 범할 것인가, 납세 찬성자로 민족 반역죄를 범할 것인가? 어떤 선택이라도 결과는 치명적입니다. 하지만 질문자의 위선을 꿰뚫어 보신 예수님은 이번에도 자신을 시험하는 질문에 가부로 답하지 않고 질문 자체를 문제 삼으며 데나리온 하나를 가져오라고 말씀하십니다.

이스라엘 사람들이 성전세를 이스라엘 은화인 세겔로 바쳐야 했던 것처럼 로마의 주민세는 로마 은화인 데나리온으로 바쳐야 했습니다. 데나리온에는 당시 로마 황제였던 티베리우스의 형상과 "티베리우스 황제(가이사/카이사르), 신적인 아우구스투스의 아들 아우구스투스"라는 글귀가 새겨져 있었습니다. 그림이든 조각이든 형상을 만드는 것조차 율법은 금지했는데, 글귀에 무려 '신적인'이라는 말이 새겨져 있었습니다. 이런 데나리온으로 주민세를 바쳐야 하는 현실은 경건한 이스라엘 사람들에게 혐오감을 불러일으켰습니다.

새겨진 형상과 글이 누구의 것이냐고 물으신 예수님께 그들은 '가이사'라고 대답합니다. 그러자 예수님은 불가사의한 대답을 하십니다. "가이사의 것은 가이사에게, 하나님의 것은 하나님께 바치라."(12:17)

우리말 번역은 질문 속의 "바치리이까"와 대답 속의 "바치라"에서 모두 같은 동사를 사용하지만, 헬라어 원문에는 질문에서 사용한 동사가 대답에서 약간 변형됩니다. "바치리이까?"에서 '바치다'에 해당하는 헬라어 동사는 δίδωμι디도미, 즉 '주다(give)'입니다. 그런데 대답 "가이사의 것은 가이사에게 바치라"에 사용된 동사는 ἀποδίδωμι아포디도미, 즉 '돌려주다(give back)'입니다. ἀποδίδωμι는 그냥 주는 것이 아니라 돌려주는 것이기에 '빚을 되갚다', '물건값을 지불하다'의 의미로도 자주 사용됩니다.

그러니까 예수님은 '줄까요, 말까요?'라는 단순한 질문과는 완전 다른 차원인 '돌려주라'는 말로 답하신 것입니다. 마치 사람의 일과 하나님의 일을 구분하듯, 예수님은 가이사에게 속한 것과 하나님께 속한 것을 날카롭게 구분하십니다. 이 대답은 어찌보면 가이사의 화폐를 사용하는 것조차 문제시하는, 세금을 내지 말라는 말보다도 훨씬 더 극단적인 의미일 수 있습니다. 가장 극단적이나 그렇다고 세금의 납부를 금지하는 말이 아니니 적대자들로서는 트집을 잡을 수도 없습니다.

예수님은 목숨이 경각에 달린 위기의 순간에조차 하나님 앞에서 철저한 모습을 보이십니다. 하나님을 향한 예수님의 믿음은 바로 그런 종류의 것이었습니다.

PART 45

세 번째 성전 논쟁: 신학에 대하여

마가복음 12장 18~27절

성전에서 벌어진 세 번째 논쟁의 주제는 '부활'입니다. 논쟁 상대는 주제에 걸맞게 유대교의 주요 분파를 이루던 사두개인들입니다. 그들은 오직 모세 오경만을 신앙의 기준으로 삼았고 바리새인들과 달리 부활을 믿지 않았습니다. 예수님 당시만 해도 부활은 유대교의 일반적인 교리가 아니었습니다. 하나님은 부활에 대한 신앙을 제2성전기라 불리는 신구약의 중간 시대에 이르러서야 사람들이 알도록 계획하셨습니다. 이에 구약성경에는 부활 신앙에 대한 암시가 거의 없고, 특히 모세 오경에는 전무합니다.

부활에 대한 믿음은 제2성전기에, 이스라엘 백성이 그리스 제국과 싸우기 시작한 무렵부터 존재감을 드러냈습니다. 이 믿음은 처음에 의인들만 부활한다는 제한된 부활 신앙으로 시작했다가 나중에 만인이 부활하여 하나님의 심판 앞에 선다는 보편적 부활 신앙으로 발전했습니다. 이 부활 신앙을 적극 수용한 유대교 종파가 바로 바리새인들이었습니다. 하지만 부활도 믿지 않고 성경도 모세 오경만 믿었던 사두개인들은 천사나 영 같은 신적 존재도 믿지 않았습니다(행 23:8). 그들은 무척 현실주의적인 신앙을 견지했습니다.

이런 이유로 1세기 유대인 역사가인 요세푸스는 로마인들에게 자기 종교의 여러 종파를 소개할 때 사두개인들을 사후세계를 믿지 않았던 그리스철학의 한 분파인 에피쿠로스학파와 비교해 설명하기도 했습니다. 훗날 로마 시대의 '카르페 디엠(carpe diem)' 정신으로 이어진, 사후세계를 믿지 않고 현재의 시간만 의미 있게 여긴 에피쿠로스학파의 철학과, 마찬가지로 사후세계의 소망을 영원히 살고자 하는 인간의 헛된 욕심으로 여기며 생의 순간만이 은총의 시간이라 믿은 사두개인들의 생각은 특히나 삶의 태도에 있어 비슷했습니다.

이처럼 예수님 당시에 부활에 대한 사두개인들의 불신앙은 낯선 것이 아니었으며, 그들은 부활을 놓고 바리새인들과 첨예하게 다투던 중이었습니다. 두 종파 사이의 부활 논쟁이 얼마나 치열했는지는 예루살렘에서 체포된 사도 바울이 공회에서 일부러 부활을 언급해 둘 사이에 논란을 일으킨 장면에서 잘 드러납니다(행 22:30~23:10).

바로 그 사두개인들이 부활을 쟁점으로 예수님을 공격합니다. 그들은 자신들의 신앙 표준인 모세의 율법 중에서 '형사취수(兄死娶嫂)' 제도의 예를 들며 부활을 공격합니다.

형사취수란 형이 죽었을 경우 아우가 형 대신 형수와 아이를 낳아 대를 잇게 하는 제도입니다(신 25:5~10). 이는 사별하여 홀로 남은 여인을 보호하는 동시에 죽은 남편의 재산을 보존하여 부의 집중을 막는 제도였습니다. 이 제도의 실례는 창세기 38장에 처음 등장합니다. 유다의 장자 엘이 죽자, 유다는 차자인 오난에게 형수 다말과 함께 형의 대를 이으라고 명령합니다. 하지만 오난은 임신이 되지 않도록 술수를 부립니다. 형의 아이가 생기지 않으면 형의 재산은 모두 자기 것이 되기 때문입니다. 성경은 하나님이 이를 악하게 보셔서 그를 죽이셨다고 전합니다(창 38:10).

사두개인들은 이 형사취수 제도에 따라 일곱 형제가 모두 한 여인을 아내로 취했을 경우, 그 여자는 부활 때에 누구의 아내가 되느냐며 논리적 공세를 펼칩니다. 그러나 이 질문은 부활을 삶의 연장으로 여기고 내세와 이생을 동일한 차원으로 생각한 단순한 이해에 근거합니다. 부활은 삶의 연속이 아니며, 이생과는 완전히 다른 차원의 생명으로의 진입입니다. 그래서 바울은 부활을 '변화'라고 명명합니다(고전 15:51~52). 이것은 필멸이 불멸로 전환되는 변화, 마치 씨와 나무가 다른 것처럼 완전히 다른 차원으로 진입하는 변화입니다.

"너희가 성경도 하나님의 능력도 알지 못하므로 오해함이 아니냐?"(12:24)

크게 엇나간 사두개인들을 책망하신 예수님은 마지막으로 똑같이 모세 오경의 말씀으로 부활을 논증하십니다.

"나는 아브라함의 하나님이요 이삭의 하나님이요 야곱의 하나님이로라."(12:26)

예수님은 이 말씀으로 그 누구도 상상하지 못한 논리를 전개하십니다. 이때 예수님이 강조하신 핵심은 "나는 아브라함과 이삭과 야곱의 하나님이었다"가 아니라 "나는 아브라함과 이삭과 야곱의 하나님이다"라고 말씀하셨다는 사실입니다. 만일 그들의 존재가 다시는 없을 것이라면 하나님은 분명 과거형으로 말씀하셨을 것입니다. 하지만 그들은 이미 죽었더라도 하나님께는 언제나 현재(現在)인 존재들입니다. 하나님은 그들을 다시 부활시키실 것이기 때문입니다.

부활은 우리를 향한 하나님의 뜻이며, 예수님이 우리에게 알려주신 가장 놀라운 하나님의 선물입니다. 부활에 대한 하나님의 의지는

"죽은 자가 살아난다"(12:26)라는 말 속에 잘 드러나 있습니다. 주목할 점은 이 문장의 헬라어 원문이 능동형이 아니라는 점입니다. 헬라어 원문은 부활에 대해 언제나 수동태의 동사를 사용합니다. 즉, 정확한 헬라어 번역은 "죽은 자가 살아난다"가 아니라 "죽은 자가 일으킴을 당한다", "죽은 자가 일으켜진다"입니다. 인간이 스스로 살아나는 것이 아니라, 주체이신 하나님이 인간을 일으키신다는 뜻입니다.

사람이 주어인 말은 믿을 수 없으나 하나님이 주어인 말은 언제나 믿을 수 있습니다. "너희를 부르시는 이는 미쁘시니 그가 또한 이루시리라."(살전 5:24)

PART 46

성전 논쟁의 결론:
하나님 사랑, 이웃 사랑

마가복음 12장 28~34절

이스라엘 최고 의회 산헤드린 공의회의 구성원인 대제사장들과 서기관들과 장로들(11:27), 바리새인들과 헤롯당원들(12:13), 그리고 사두개인들(12:18), 이 세 부류의 대적자들을 상대로 성전에서 차례로 논쟁을 펼친 예수님은 한 서기관과의 대화를 통해 전체 논쟁의 결론을 내리십니다. 특별히 마가복음에서 서기관들, 즉 율법학자들은 예수님의 공생애 동안 늘 집단으로 나타났습니다. 하나님 나라와 관련한 예수님의 가르침은 대부분 기존의 율법 해석을 뛰어넘는 급진적인 내용이었기에 그들과의 대립은 불가피했습니다.

그런데 이번에는 예외적으로 단 한 명의 서기관이 등장합니다. 그는 예수님과 가장 중요한 계명, 즉 모든 계명이 그 하나로 수렴되는 계명에 관해 이야기를 나눕니다. 유대인들은 성경에서 찾아낸 모든 계명을 248개의 긍정 명령과 365개의 부정 명령으로 구별하여 613개의 조항으로 정리했습니다. 이 613개의 율법 조항은 십계명으로 수렴되고, 십계명은 사랑의 이중(二重) 계명인 하나님 사랑과 이웃 사랑으로 수렴

됩니다. 예수님은 바로 이 전통을 자신의 권위로 확증하십니다.

유일신으로의 고백을 포함한 첫째 계명은 하나님에 대한 사랑의 명령입니다. 신명기 6장 4~9절을 반영하는 이 명령의 시작 "이스라엘아 들으라!"(12:29)는 히브리어로 '쉐마(שמע) 이스라엘'입니다. 그래서 이스라엘 사람들은 신명기 6장 4~9절을 통틀어 '쉐마 이스라엘'이라 부르고 더 줄여서는 '쉐마'라고 부릅니다. 그들이 매일 아침저녁으로 암송하는 '쉐마'는 유대교의 핵심을 이루는 신앙고백입니다. 예수님은 모든 계명의 첫째로 '쉐마'를 언급하십니다. 온 마음과 온 목숨과 온 뜻과 온 힘으로 하나님을 사랑할 것, 이것이 첫째로 꼽으신 계명입니다. 특이하게도 예수님의 '쉐마'에는 신명기와 다르게 '온 뜻'이 첨가돼 있습니다. 이때 헬라어 '온 뜻'은 '온 생각'으로 번역할 수 있습니다. 원래의 마음과 목숨과 힘에 생각을 새롭게 더하신 강조는 생각으로 사람을 죽이거나 간음한 것 역시 하나님 앞에서는 실제의 살인, 간음과 동일하다는 예수님의 극단적인 윤리(마 5:21~22, 27~28)를 반영한 듯 보입니다.

첫째 계명에 이어 예수님은 네 이웃을 네 자신과 같이 사랑하라는 둘째 계명을 덧붙이십니다. 그리고 결론적으로 "이보다 더 큰 계명이 없느니라"(12:31)라고 말씀하십니다. '이보다'로 번역되어 이웃 사랑만 말하는 것처럼 보이지만, 헬라어 원문에는 '이것들보다'라는 복수형으로 표현돼 있습니다. 그러므로 '이보다'는 첫째와 둘째 계명 모두를 가리킵니다. 두 계명을 하나로 묶는 이 말씀으로 인해 첫째와 둘째의 우선순위는 무의미해집니다. 하나님 사랑과 이웃 사랑의 이중 계명은 본질상 하나입니다. 하나님 사랑은 이웃 사랑으로 고백되고 표현되며, 이웃 사랑은 하나님 사랑 없이 발현될 수 없기 때문입니다.

예수님과 성경의 모든 가르침과 명령은 본질상 하나인 이 두 계명으로 집약됩니다. 따라서 예수님은 짧은 공생애 동안 수많은 논쟁을 벌이셨지만, 결국 다음처럼 말씀하신 것과 다름없습니다.

"너희들이 보기에 심히 급진적인 나의 율법 해석과 행동을 모두 쥐어짜면 결국 이 두 마디로 수렴된다. 하나님 사랑과 이웃 사랑."

예수님의 이 간결한 요약은 우리의 복잡한 신앙과 난해한 삶에 중요한 빛을 던져줍니다. 그것은 아무리 복잡해 보이는 문제라도 해결의 근본은 언제나 단순한 진리에 있다는 사실입니다. 사도 바울도 복잡하기 짝이 없는 신앙의 결정과 고민의 해결책을 한마디로 압축한 적이 있습니다. "주는 영이시니 주의 영이 계신 곳에는 자유가 있느니라."(고후 3:17) 예수님의 요약과 바울의 요약은 일맥상통하는 점이 있습니다. 진리는 언제나 단순한 법입니다.

사랑의 이중 계명이 모든 제물을 포함한 성전제의보다 앞선다는 지혜로운 서기관의 성찰은 하나님은 영이시니 영과 진리로 예배해야 한다는 예수님의 말씀을 떠오르게 합니다(요 4:24). 요한복음은 성전을 허물라는 말씀을 전하고(요 2:19), 예수님을 진리로 선포함으로써(요 14:6) 예수님이 참 예배의 대상이요 장소임을 선언합니다.

"네가 하나님의 나라에서 멀지 않도다."(12:34) 권위로 가득한 예수님의 엄숙한 선언에 감히 누구도 토를 달지 못합니다. 이중 계명의 말씀이 예수님의 모든 가르침의 요약이라는 사실은 이야기의 위치를 통해서도 확증됩니다. 마태와 누가 역시 이중 계명의 이야기를 전하지만 누가는 복음서 한복판에서 선한 사마리아인의 비유와 함께 전하고(눅 10:25~37), 마태는 이중 계명(마 22:34~40) 후에도 예수님의 다른 비유들과 가르침을 상당한 분량으로 전합니다. 반면 마가복음의 이중 계명은 수난 이야기 직전 군중을 향한 예수님의 마지막 가르침으로 자리잡고 있습니다. 이로써 마가는 하나님 사랑과 이웃 사랑의 계명을 예수님의 전 사역과 모든 가르침을 수렴하는 최종 진리로 선포합니다.

PART 47

성전에서의 마지막 교훈들

마가복음 12장 35~44절

지혜로운 서기관과의 대화에서 마지막 가르침을 끝낸 예수님은 성전에서 작은 교훈들을 남기십니다. 본격적인 가르침이 아닌 질문에 대한 짧은 답변, 짧은 경고, 작은 일화가 성전에서의 마지막 교훈들로 제시됩니다. 이 교훈들을 끝으로 마가복음은 13장 전체에 걸쳐 예수님이 성전을 떠나시는 모습을 언급하고, 예수님과 제자들의 비밀스런 대화를 보도한 뒤 곧바로 수난 이야기로 돌입합니다. 따라서 본문의 이야기들은 성전을 무대로 한 마지막 장면입니다. 성전을 나가신 예수님은 유월절에야 다시 예루살렘 시내로 들어와 수난을 맞이하시기 때문입니다. 성전에서의 마지막 교훈인 만큼 이어지는 세 개의 단편적 이야기는 모두 성전과 관련합니다.

첫 번째 이야기는 다윗의 자손과 그리스도에 관한 것입니다. 마가복음은 이 이야기를 누군가 던진 질문에 예수님이 답하시는 장면으로 묘사합니다. 아마도 "메시아는 정말 다윗의 자손인가요?"라는 식의 질문이었던 것 같습니다. 그리스도가 다윗의 자손이라는 사실은 누구나

다 아는 상식인데, 이에 의문을 제기했다는 사실이 오히려 놀랍습니다.

하지만 이 질문은 단순한 사실관계 확인이 아닌 '지파 우월주의'에 대한 문제 제기였을지 모릅니다. 그리스도가 다윗의 자손이라는 것을 혈통의 의미로만 간주했을 때, 유다 지파에 속한 이스라엘 사람들이 지녔을 우월감은 쉽게 상상할 수 있습니다. 자신들의 지파에서 메시아가 나온다는 자부심은 대단했을 것입니다. 메시아의 직접적인 친인척이 될 것이기 때문입니다.

이런 식의 지파 우월주의는 구약에서 그 시원을 찾아볼 수 있습니다. 야곱의 유언(창 49:1~28)에 나타난 각 지파에 대한 차별적인 묘사는 지파 간의 우열을 분명하게 보여줍니다. 신약에서도 지파 우월주의 또는 지파 이데올로기가 반영된 예를 요한계시록에서 찾을 수 있습니다. 인침받은 사람들의 수를 지파별로 언급할 때 요한계시록은 유일하게 단 지파를 빼놓습니다(계 7:5~8). 이것은 단 지파에서 적그리스도가 나온다는 당시의 사상 때문이었습니다. 적그리스도가 나오는 지파에 속한 사람들의 열등감과 다른 지파 사람들의 혐오감 역시 상상하기 어렵지 않습니다. 자기 아들이 적그리스도가 될 수도 있다는 가능성은 상상만 해도 끔찍했을 것입니다.

본문의 무대인 성전과 관련해서도 레위 지파 사람들이 느끼는 우월감 역시 굉장했을 것입니다. 제의를 독점하고 제사장을 배출하는 레위 지파는 무의식중에 성전을 자신들의 소유물로 여겼을지 모릅니다. 서기관들의 권위로 확정된 '유다 지파요 다윗의 자손인 메시아'라는 관념에 대하여, 예수님은 다윗이 그리스도를 '주님'이라 불렀다는 사실을 근거로 혈통주의에 근거한 지파 이데올로기를 산산이 부숴버리십니다. 예수님은 인간들의 단순한 피의 논리가 아니라 하늘 하나님의 권위로 그리스도가 세워지심을 성경을 근거로 설명하면서 서기관들의 경직된 해석을 부정하십니다. "많은 사람들이 즐겁게 듣더라"(12:37)라는 언급은 얼마나 많은 사람이 지파 이데올로기에 짓눌리고 있었는지를 간접적으로 보여줍니다.

성전을 배경으로 이어지는 두 번째 이야기는 신앙을 지도하는 이들에 대한 경고입니다. 여기서는 서기관들이 직접적인 경계 대상으로 떠오릅니다. 그들은 성소 안과 밖 모든 곳에서 사람들에게 인정받고자 하는 명예욕으로 가득 찼고, 구약에서 가장 힘없는 자의 표본인 과부들을 보호하기는커녕 오히려 그들의 신앙심을 이용해 재산을 갈취하는 탐욕을 부렸으며, 나아가 하나님 앞에 경건한 자로 보이기 위해 위선을 자행했습니다. 예수님은 이런 서기관들의 명예욕과 탐욕과 위선을 신랄하게 비판하십니다. 바른 예배를 주관하고 바른 신앙을 지도해야 하는 사람들의 이런 모습은 진정 비참한 일이 아닐 수 없습니다. 지금의 말로 바꿔본다면 신앙의 본이 되어야 할 목회자들이 신앙의 반면교사가 된 것입니다. 그런데 슬프게도 지금의 목회자들 역시 명예욕과 탐욕과 위선에서 그다지 자유롭지 못해 보입니다.

성전에서의 마지막 이야기는 헌금에 관한 것입니다. 헌금은 하나님을 향한 헌신의 표현이며, 성전과 그에 딸린 조직을 유지하는 데 필수적인 요소입니다. 예수님이 헌금하는 사람들의 모습을 지켜보고 계시는데 이때 부자와 과부가 극명하게 대비됩니다. 서기관이 첫 번째와 두 번째 이야기의 연결고리였던 것처럼 과부가 두 번째와 세 번째 이야기의 연결고리가 되고 있는데, 이는 세 이야기가 주제 면에서 유기적인 통일성을 지녔음을 보여줍니다.

과부가 칭찬받은 이유는 간단합니다. 부자들은 쓰고 남은 물질을 드렸고 과부는 써야 할 것을 드렸기 때문입니다. 쓰고 남는 것을 드리는 것은 아무리 많은 금액이더라도 하나님께 의미가 없습니다. 그것은 결코 '희생'이 아니며, 하나님을 적선받는 존재로 취급한 것입니다.

마가복음의 전체 구성을 볼 때 과부의 두 렙돈 이야기는 결정적인 위치에 있습니다. 수난으로 넘어가기 직전에 놓여 예수님의 공생애 전체를 마무리 짓고 있기 때문입니다. 그렇다면 이 이야기는 예수님의 모든 선포와 사역의 결론이 됩니다. "때가 찼다. 하나님의 나라가 가까이 왔다. 회개하여라. 복음을 믿어라."(1:15) 과부의 두 렙돈 이야기는 예수님의 선포 마지막에 자리한 '믿음'에 대한 예증입니다. 마가복음이 말하는 믿음이 모든 안전장치를 버리고 두려움 가운데 하나님을 향해 존재를 던지는 것을 의미할 때, 이 믿음을 보여준 사람이 바로 두 렙돈을 넣은 과부이기 때문입니다.

앞 절에서 가산을 탈취당하는 불의의 피해자로 언급된 과부가 두 개의 동전을 헌금함에 넣습니다. 두 렙돈은 그날 하루의 생활비 전부였습니다. '생활비'로 번역된 헬라어 βίος비오스는 원래 '생명' 또는 '삶'을 뜻합니다. 그렇다면 과부는 자신의 생명, 모든 삶을 던져 넣은 것입니다. 동전이 두 개였다는 사실 또한 의미심장합니다. 헌금함에 동전을 넣을 때 두 개 중 하나는 남길 수 있는 상황이었기 때문입니다. 과부의 처지에서 보면 하나를 남기는 유혹은 생각보다 컸을 것이고, 실제로 고민했을지 모릅니다.

하지만 여인은 두 개의 동전을 모두 넣습니다. 자신의 전 생명을 넣음으로써 믿음을 하나님께 드립니다. 이제 여인의 삶은 어떻게 될까요? 행여나 큰 불행을 겪지는 않을까요? 믿음을 드렸건만 더욱 비참한 나락으로 떨어지지는 않을까요?

이런 종류의 수많은 염려와 두려움, 회의 가운데 있을 이들에 대한 예수님의 대답은 바로 이것입니다. "하나님을 믿으라."(11:22) 과부는 바로 이 믿음을 가진 여인이었습니다.

PART 48

작은 묵시록

마가복음 13장 1~27절

성서학자들은 마가복음 13장 전체에 '작은 묵시록'이라는 제목을 붙이곤 합니다. 요한계시록처럼 세상의 종말과 인자의 영광스러운 도래, 그와 함께 펼쳐질 새로운 세상을 다루기 때문입니다. 예수님의 이 작은 묵시는 성전과 관련한 한 제자의 질문으로 시작합니다.

예수님이 성전을 나오실 때, 당대의 위용을 자랑하는 예루살렘 성전의 모습을 보며 한 제자가 찬사를 보냅니다. 그러자 예수님은 이 성전이 돌 하나도 돌 위에 남지 않고 다 무너지리라고 예언하십니다. 이 예언은 열심당 주도하에 이스라엘이 로마에 대항하여 일으킨 제1차 유대-로마전쟁(또는 유대 독립전쟁)에서 실현되었습니다. 전쟁의 결과로 기원후 70년 로마 장군 티투스가 성전을 철저히 파괴했기 때문입니다. 당시 성전을 파괴하고 성전 보물인 일곱 촛대 '메노라'를 전리품으로 나르는 장면이 현재 로마의 콜로세움 근처 포로 로마노(Foro Romano) 입구의 티투스 개선문 안쪽에 부조로 새겨져 있습니다.

예언을 마치고 감람 산 위에 앉아 맞은편 성전을 바라보고 계시는 예수님께 베드로 형제와 야고보 형제가 다가와 조용히 사건의 시기와 징조를 묻습니다. 그리고 본격적인 예수님의 묵시가 비밀스럽게 전해집니다.

예수님의 묵시는 당시 유대교에서 큰 영향력을 발휘하던 묵시문학과 그 형태가 비슷합니다. 기원전 2세기에서 기원후 1세기 사이에 이스라엘에 널리 퍼진 유대교 묵시문학은 하나님을 믿음에도 끝없이 이민족들의 압제 아래 고통받던 이스라엘 민족에게 종교적 희망을 불러일으켰습니다. 이 시기에 기록된 다니엘서가 그러한 묵시문학의 전형입니다. 현세에서 희망을 발견할 수 없었던 묵시주의자들은 현세의 종말과 내세의 도래에서 희망을 발견합니다. 사탄의 지배를 받는 현세는 악이 한없이 팽창해 결국 파국에 이를 것입니다. 이 파국은 가정의 파국을 시작으로(13:12), 민족들의 파국과 자연의 파국을 거쳐(13:8), 천체의 파국으로(13:24~25) 이어집니다. 그러면 마침내 하나님의 대리자가 나타나 사탄을 심판하고 현세를 소멸한 뒤 하나님의 새 하늘과 새 땅을 세우고, 그 속에서 믿음을 지킨 사람들은 영생과 영복을 누립니다. 이것이 일반적인 유대교 묵시문학의 도식입니다.

마가복음의 작은 묵시록 역시 이와 비슷한 모습을 갖추고 있습니다. 하지만 유대교 묵시문학과 달리 예수님의 묵시는 유대교적이 아닌 철저히 그리스도교적인 묵시입니다. 환난의 때가 임하고 "내가 그라"(13:6)고 주장하는 많은 거짓 메시아가 등장합니다. 하지만 무시무시한 환난과 공포 속에서도 '복음'은 만국에 전파됩니다(13:10). 그리고 하나님의 승리는 박해받는 그리스도인에게 고통과 회유를 이길 용기를 줍니다. 무엇보다 이 묵시록의 주인공은 '인자(人子)'라 불리는 예수님 자신이십니다. 그분은 당신의 사람들을 땅끝에서부터 하늘 끝까지 모아들여 맞이하실 것입니다(13:27).

묵시문학의 특징을 따라 마가의 작은 묵시록에는 실제로 일어난 역사적 사건들과 구체적으로 특정하기 어려운 미지의 사건들이 많은 상징과 은유 속에 불분명하게 혼재되어 있습니다.

예를 들어 "멸망의 가증한 것"(13:14)에 대한 예언은 과거와 미래의 혼용입니다. 다니엘서에 처음 등장하는 '멸망의 가증한 것'(단 9:27, 11:31, 12:11)은 구체적으로 기원전 167년 시리아 왕 안티오쿠스 4세가 예루살렘 성전의 제단을 없애고 그 자리에 세운 제우스 제단을 의미합니다. 하지만 묵시 속의 '멸망의 가증한 것'은 이 과거의 제단이 아니라 미래에 등장할, 똑같이 신성모독적인 그 어떤 것을 의미합니다. 그것이 무엇일지는 분명하지 않습니다.

'묵시(默示, revelation)'를 뜻하는 헬라어 ἀποκάλυψις아포칼륍시스는 영어 단어 apocalypse의 어원입니다. 이 헬라어를 우리말 성경은 '계시'로 번역했지만, 원래의 의미가 '비밀스럽고 은밀한 것을 드러냄'임을 고려하면 '계시'보다는 '묵시'가 더 적절합니다. 묵시의 본질은 비밀이기 때문입니다.

그러나 예수님의 묵시는 이와 다릅니다. 일반적인 묵시문학이 신화적 요소와 암호, 상징들을 사용하여 비밀스러움을 강조한 반면 예수님의 묵시는 복음과 전도에 대한 명징하고도 현실적인 메시지를 드러냅니다. 나아가 예수님은 묵시문학의 가장 중요한 주제인 시기와 장소에 대한 관심을 철저히 배제하고 복음 증거와 신앙의 결단을 강조하십니다. 알아야 할 것은 환난의 정확한 때가 아니라, 환난의 때에 믿음을 견지하는 결단과 의지이기 때문입니다.

그러므로 제자들의 질문에 대한 예수님의 "너희가 사람의 미혹을 받지 않도록 주의하라"(13:5)라는 말씀은 거짓 그리스도에만 해당하는 내용이 아니라 주위에 널려 있는 수많은 묵시에도 해당되는 말씀입니다. 즉, 이것은 비밀에 싸인 종말 묵시 자체에 미혹받지 말라는 예수님의 경고이기도 합니다.

그리스도인들은 묵시주의자들처럼 비밀로 가득 찬 종말 자체에 집중할 것이 아니라 종말을 넘어 새롭게 펼쳐질 하나님의 나라에, 더 중요하게는 그 나라가 예수님의 현존과 더불어 지금 여기에서 시작되고 있다는 사실에 주목해야 합니다. 희망은 이미 복음과 예수 그리스도 안에서 성취되었기 때문입니다.

PART 49

문지기

마가복음 13장 28~37절

'징조'에 대한 긴 답변을 마치신 예수님은 이제 '때'에 대하여 직접적인 답을 주십니다. 여름에 가까워질수록 무화과나무가 조금씩 다른 모습을 보이듯이, 제자들은 세상에 나타나는 징조들을 보며 결정적인 때가 임박했음을 알 수 있습니다. 징조에 비해 때에 대한 답은 간결합니다.

"그 날과 그 때는 아무도 모르나니"(13:32)

이 단순한 말씀을 통해 예수님은 개인 체험으로 얻은 직접 계시를 주장하면서 종말의 때를 특정 짓는 인간의 헛된 시도를 단번에 일축하십니다.

특별히 재림 예수와 관련하여 교회는 지금까지도 고통을 겪고 있습니다. 묵시에 등장한 '거짓 그리스도들'이란 구체적으로 자신을 종말에 재림한 메시아 또는 재림 예수라고 주장하는 사람들입니다. 이런 자들은 교회의 시작 때부터 있었고 지금까지도 교회와 그리스도인들을 혼란케 하고 있습니다. 하지만 예수님은 천사들도 아들도 모르고 오직 하나님만 아신다는 선언을 통해 종말과 재림에 관한 모든 주장을 거짓으로 판결하십니다.

묵시는 본질적으로 궁극적인 희망을 위한 것이어야지 종말의 수수께끼와 호기심을 위한 것이어서는 안 됩니다. 그리고 희망은 미래가 아니라 현재를 위한 것입니다. 따라서 모든 그리스도인은 종말의 정확한 때를 호기심으로 탐구할 것이 아니라, 반드시 임할 재림의 기다림 속에서 주의하며 잠들지 않도록 해야 합니다. 이것이 묵시를 대하는 그리스도인의 올바른 자세입니다. 그래서 예수님은 권면의 시작과 끝을 다음의 말씀으로 감싸십니다.

"깨어 있으라!"(13:33, 37)

종들에게 권한과 일을 배분하고 타국으로 여행 가는 주인의 이야기는 마태복음의 달란트 비유(마 25:14~30)나 누가복음의 열 므나 비유(눅 19:11~27)와 비슷합니다. 특히 마태복음의 달란트 비유는 맥락에서도 마가복음의 이야기와 닮았습니다.

마태복음의 달란트 비유 바로 앞에는 깨어 기다리는 열 처녀의 비유가 자리 잡고 있는데, 두 비유를 연결하는 열 처녀 비유의 마지막 문장은 다음과 같습니다.

"그런즉 깨어 있으라 너희는 그 날과 그 때를 알지 못하느니라."(마 25:13)

이것은 달란트 비유가 열 처녀 비유와 '종말론'이라는 같은 주제 위에 놓여 있음을 명확하게 보여줍니다. 달란트 비유의 다음 이야기가 인자의 재림과 함께 벌어지는 양과 염소의 최후 심판 이야기(마 25:31~46)임을 생각하면 주제의 연속성은 더욱 분명해집니다.

누가복음의 열 므나 비유 이야기는 종말론과는 다소 다른 맥락에 위치하지만, 누가복음에도 종과 깨어 있음에 대한 비슷한 경고를 담은 이야기가 존재합니다. 혼인 잔치에 가서 언제 돌아올지 모르는 주인을 기다리는 종들에 관한 이야기가 그것입니다(눅 12:35~48). 그런데 복음서들이 전하는 '기다리는 종' 이야기에서 마태복음과 누가복음에는 없고 마가복음에만 등장하는 한 요소가 있는데, 바로 '문지기'입니다.

특이하게도 마가복음에서는 "깨어 있으라"라는 명령이 종들이 아니라 문지기에게만 주어집니다(13:34). 즉, 마태와 누가와 달리 마가의 이야기 속 주인공은 문지기입니다. 문지기는 집안을 지키는 모든 사람 중에 가장 앞에 있는 사람입니다. 문지기는 도둑을 막고 손님을 환대해야 합니다. 문 안에 있는 식구들을 보호하고 문밖의 훼방꾼들을 몰아내야 합니다.

예수님은 이러한 문지기를 '너희'(13:35~36)라고 칭하십니다. 이야기를 듣고 있는 제자들을 '문지기'로 부르시면서 예수님이 너희는 박해와 이단으로부터 교회를 지키고, 교인들을 보호하고, 교회에 오는 자들을 환대하는 특별한 임무를 맡은 자들이라고 말씀하시는 것처럼 보입니다. 그러니 교회의 문지기가 될 주님의 사도들은 절대로 잠들어서는 안 될 것입니다.

그런데 이 "깨어 있으라"라는 명령은 예수님의 열두 사도에게만 해당하는 명령이 아닙니다. 예수님은 내가 너희에게 하는 이 말은 모든 사람에게, 즉 모든 그리스도인에게 하는 말이라고 분명하게 말씀하셨습니다(13:37). 우리는 이 명령을 모든 그리스도인이 교회를 넘어 세상 속의 문지기가 되어야 한다는 말씀으로 받아들여야 합니다. 세상을 악으로부터 보호하고 약자들을 돌보며 모든 존재를 환대하는 공간을 만들면서 그것을 지키는 문지기, 이것이 예수님이 우리에게 맡기신 권한이요 사무(13:34)입니다. 그러니 죽음과도 같은 밤의 어둠이 몰려들 때, 우리는 아무리 피곤해도 잠들어서는 안 됩니다.

'눈꺼풀이 천근만근'이라는 표현은 피곤한 중에 깨어 있기가 얼마나 어려운지를 잘 나타낸 표현입니다. 알다시피 졸음은 생리 현상이며, 따라서 밀려오는 졸음을 참는 일은 거의 불가능에 가깝습니다. 그런데 불가능해 보이는 상황에서도 예수님은 깨어 있으라고 명령하십니다.

이것은 지극히 합리적인 변명을 내놓았던 무화과나무를 생각나게 합니다. 믿음 앞에서는, 하나님의 명령 앞에서는 그 어떤 핑계도 허락될 수 없습니다. 어둠이 대단한 힘이나 요란한 굉음이 아니라, 고요한 잠으로 우리를 쓰러지게 한다는 사실은 사탄의 세심한 전술을 보여주는 것 같아 섬뜩하기까지 합니다.

그러니 우리는 피로와 어둠의 잠으로 우리를 무너뜨리려는 사탄의 계략에 대항하며 주님께서 다시 오실 때까지 끝끝내 깨어 있어야 합니다. 깨어서, 문을 지켜야 합니다.

PART 50

예수님의 머리에 기름을 부은 여인

마가복음 14장 1~9절

대제사장들과 서기관들이 예수를 잡아 죽일 방법과 시기를 궁리한다는 도입부를 시작으로 마가복음은 이제 본격적인 수난 이야기로 돌입합니다.

예수님의 전체 수난 이야기는 한 여인이 베다니 나병환자 시몬의 집에서 값비싼 향유를 예수님의 머리에 부은 사건으로 시작합니다. 소설에서든 영화에서든 처음 등장하는 사건은 이후 벌어질 모든 사건의 내용과 성격을 암시하고 결정짓는 기능을 수행합니다. 그런 의미에서 본문의 이야기 역시 이 기능을 충실하게 수행합니다.

사건의 의미를 이해하기에 앞서 예수님의 머리에 기름 부은 여인을 향한 오해들을 정리할 필요가 있습니다. 흥미롭게도 이 오해들은 "값비싼 향유를 주께 드린 막달라 마리아 본받아서 향기론 산 제물 주님께 바치리"라는 찬송가 가사 속에 가장 잘 드러나 있습니다. 예수께 기름을 부은 여인은 복음서를 통틀어 세 명 등장합니다.

먼저 누가복음에는 예수님이 바리새인 집에서 식사하실 때 향유

옥합을 가지고 예수님께 다가와 눈물과 머리털로 예수님의 발을 닦은 후 그 발에 입 맞추고 향유를 부은 죄인 여성이 등장합니다(눅 7:36~50). 그리고 요한복음에서는 최후의 만찬 때 나사로의 누이 마리아가 값비싼 향유를 예수의 발에 붓고 자신의 머리털로 닦습니다(요 12:1~8). 누가복음과 요한복음의 이야기에는 가장 먼저 기록된 마가복음의 이야기가 반영됐을 가능성이 큽니다. 하지만 각각의 이야기만 놓고 보면 세 명의 여인은 엄연히 다른 여인들입니다.

특히 누가복음의 죄인 여성을 '막달라 마리아'로 지칭한 찬송가 가사는 매우 문제가 많습니다. 복음서에는 이 여성의 이름이 그 어디에도 언급되어 있지 않기 때문입니다.

막달라 마리아는 예수님을 선생님이라 부른 예수님의 제자이자 부활의 첫 번째 증인입니다(요 20:11~18). 그런데 여성을 예수님의 주요 제자로 인정하기 꺼려했던 처음 교회는 그 어떤 근거도 없이 막달라 마리아를 창녀로 간주해 버렸고, 심지어 6세기 후반 교황 그레고리오 1세는 강론을 통해 누가복음의 죄인 여성을 막달라 마리아와 동일시하면서 그녀를 창녀로 확증했습니다. 이 선입견은 가톨릭교회가 2016년 막달라 마리아의 지위를 '사도 중의 사도'로 복권시킬 때까지 천 년이 넘도록 지속되었습니다. 그러니까 찬송가 가사는 잘못된 과거의 선입견이 반영된 옛 가사입니다.

흔히 마가복음의 향유 이야기를 읽으면서 헌신이나 섬김을 주제로 떠올리는 이유는, 마가의 이야기를 누가복음과 요한복음 이야기와 혼재해 받아들이기 때문입니다. 하지만 이런 혼재된 생각으로는 "온 천하에 어디서든지 복음이 전파되는 곳에는 이 여자가 행한 일도 말하여 그를 기억하리라"(14:9)라는 예수님의 감격 어린 찬사의 의미를 올바르게 이해할 수 없습니다.

마가복음의 향유 사건은 다른 두 복음서에서처럼 단순한 헌신이나 섬김의 의미가 아니라 예수님이 감탄과 찬사를 보내실 만한, 수난과 관련한 심대한 의미가 담긴 사건입니다.

이 신학적 의미를 가장 잘 보여주는 상징적 요소는 익명의 여인이 예수님의 '머리'에 기름을 부었다는 사실입니다. 누가와 요한의 여인들이 예수님의 '발'에 기름을 부은 데 반해, 마가의 여인은 예수님의 '머리'에 기름을 붓습니다. 바로 여인의 이 행동으로 인해 예수님은 '기름 부음을 받은 자'가 되십니다. 우리는 '기름 부음을 받은 자'가 히브리어로 메시아, 헬라어로는 그리스도라는 사실을 잘 알고 있습니다. 다시 말해 이 여인은 구약의 선지자나 제사장처럼 왕이 될 이에게 기름을 부어 왕으로 즉위시키는 역할을 감당했고, 예수님은 비로소 그리스도, 즉 메시아로 등극하십니다.

더 놀라운 점은 여인이 한 번의 기름 부음에 죽음과 장례의 의미도 함께 포함시켰다는 사실입니다.

"그는 힘을 다하여 내 몸에 향유를 부어 내 장례를 미리 준비하였느니라."(14:8)

예수님은 이 말씀을 통하여 여인의 행동에 깃든 두 가지 의미, 즉 메시아와 죽음이라는 중대한 두 가지 의미를 확증해 주십니다. 그러니까 이 여인은 단순히 '메시아'로만이 아니라 '죽임 당할 메시아', '고난받는 메시아'로 선포한 것입니다. 마가복음 전체를 통틀어 예수님 외에 그 어떤 이스라엘 사람도 예수님을 고난받는 메시아로 보았던 인물은 없습니다. 그 누구도 수난받는 메시아를 이해하지 못했을 때, 이해는커녕 베드로처럼 꾸짖기나 하고 가까운 제자들처럼 영광에만 취해 있을 때, 이 여인은 유일하게 고난받는 메시아를 이해하고 고백하고 선포한 것입니다.

그러므로 예수님의 말씀처럼 복음이 전파되는 곳마다 필연적으로 이 여인의 행동도 함께 전해져야 합니다. 복음은 예수님을 고난받고 죽임을 당하신 그리스도로 선포하기 때문입니다.

나아가 비록 본질적인 것은 아니지만 여인의 기름 부음 행위에 섬김의 의미까지 적용한다면, 여인은 예수님의 장례를 위해 향유를 바른 유일한 사람입니다. 예수님이 십자가에 처형당해 돌아가신 후, 무덤의 시신에 향유를 바르러 갔던 여인들(16:1)은 결국 예수님의 몸에 향유를 바르지 못했기 때문입니다.

하지만 이를 포함하여 향유 값이 당시 일꾼의 일 년 치 품삯에 상당한다는 사실도, 그와 관련한 낭비와 자선에 대한 논쟁도, 고난받는 메시아라는 중요한 문제 앞에서는 본질적인 주제를 벗어난 부차적인 일들일 뿐입니다(14:6). 예수님의 머리에 기름 부은 여인의 행동은 수난을 앞둔 예수님께, 어쩌면 그분의 생애 전체를 통틀어서 유일하게 진정한 기쁨을 안겨준 일이었을지 모릅니다.

이를 통해 여인은 우리에게 중요한 교훈을 전해줍니다. 예수님을 감격시키는 일은 언제나 예수님을 올바로 이해하는 일뿐입니다.

PART 51

배반 속의 만찬 준비

마가복음 14장 10~21절

예수님의 최후 만찬인 유월절 식사를 준비하기 시작합니다. 그런데 만찬 이야기에 앞서 마가는 열둘 중의 하나인 가룟 유다가 대제사장들에게 예수님을 팔아넘긴 사건을 짧게 보도합니다.

열둘 중의 하나, 오랜 시간 누구보다 가장 가까이에 두고 믿고 지내던 사람의 배신입니다. 예수님을 잡기 위해 대제사장들과 서기관들에게 밀고자가 필요한 이유에 대해서는 예루살렘 입성 이야기에서 설명한 바 있습니다. 예수님은 낮에는 군중으로 가득 찬 예루살렘 성에 머물고 밤에는 성 밖으로 나가 거처를 옮겨 다니셨기에, 군중을 피해 예수님을 체포하기 위해서는 반드시 밀고자가 필요했습니다.

돈을 받고 팔아넘기기는 했으나 마가복음을 자세히 읽어보면 유다가 먼저 돈을 요구한 것이 아님을 알게 됩니다. 실제로 유다가 예수님을 팔아넘긴 이유는 분명하지 않습니다. 마태복음에서 유다는 예수님을 판 후 공의회의 재판 결과를 보고 자살합니다(마 27:3~5). 돈이 목적이었다면 있을 수 없는 일입니다.

그의 배신 동기에 대해서는 여러 가설이 존재합니다. 학자들은 동기의 실마리를 그의 이름, 정확히는 별명에서 유추하곤 합니다. 유다라는 이름에 따라붙은 '가룟(Iscariot)'이라는 별칭은 영어 표기처럼 '이스카리옷'이 더 정확한 발음입니다. 그런데 '이스카리옷'이라는 단어는 유다 이름 외에 성경 그 어디에도 등장하지 않는 매우 낯선 표현으로, 이 단어의 어원과 관련해서는 대략 두 가지 정도의 추측이 있습니다.

첫째는 이스카리옷의 어원을 히브리어 '이쉬 카리옷(קריות איש)'에서 찾는 것입니다. 이때 히브리어 '이쉬(איש)'는 사람을 뜻하고, '카리옷(קריות)'은 유대 지역의 도시 이름입니다. 따라서 '이쉬 카리옷'은 '카리옷 사람'이라는 뜻입니다. 실제로 우리말 성경 중 〈공동번역〉은 이 가설에 따라 '가룟 유다'를 "가리옷 사람 유다"라고 번역합니다. 이 가설에 따르면 흥미롭게도 유다는 예수님의 제자 중 유일하게 갈릴리 지역 출신이 아닌 유대 지역 출신입니다.

둘째는 '이스카리옷'의 어원을 라틴어 '시카리(sicarii)'에서 찾는 것입니다. 라틴어로 '단도'를 의미하는 시카(sica)에서 유래한 '시카리'는 로마인들과 로마의 부역자들을 암살하던 열심당의 자객을 가리킵니다. 만일 이것이 유다의 별명이라면 유다는 열심당원 중에서도 급진 과격파에 속한 셈입니다. 많은 사람이 이 두 번째 설에서 유다의 배신 동기를 발견합니다.

'시카리'의 가설로 유다의 의도를 짐작할 때, 유다는 스승인 예수님을 이민족 로마의 군사적 압제에서 이스라엘을 해방시킬 참 메시아로 보았을 것입니다. 하나님 나라, 즉 하나님의 통치에 대한 스승의 선포와 함께한 긴 여정의 끝에서, 유다는 예수님이 하나님의 도성 예루살렘에 입성하기만 하면 고대하던 약속된 종말이 찾아와 로마 제국은 파멸하고 하나님의 통치가 세세토록 이어지리라고 믿었을 것입니다. 그런데 정작 예수님은 예루살렘에 이르는 길 위에서 고난받는 메시아라는, 유다로서는 이해할 수도 받아들일 수도 없는 말씀을 하십니다.

예루살렘 입성 후 향유의 사건까지 직접 목도한 유다는 변하지 않는 예수님의 태도에 초조함과 두려움을 느꼈을 것입니다. 그래서 스승을 궁지에 몰아넣으면 자신이 이제까지 보아왔던 놀라운 신적 권능을 행사하실 것이라고 믿었을지 모릅니다. 이것이 유다가 예수님을 팔아넘긴 동기와 의도였으리라는 생각은 꽤 그럴듯합니다.

유다의 행동에 납득할 만한 의도가 있다는 생각은 그리스도교 초기 역사에서도 발견할 수 있습니다. 신약의 외경 중 유다를 주인공으로 한 〈유다복음〉은 다른 모든 제자가 예수님을 오해할 때 오직 유다만 예수님을 이해했던 것으로 묘사합니다. 심지어 이 외경에는 하나님의 구원 목적을 위해 예수님이 유다에게 자신을 배신하라고 종용하는 모습까지 나옵니다. 하지만 실제 역사에서 유다는 자신의 열정과 생각에 갇혀 예수님에 대한 오해에서 벗어나지 못한 사람이었습니다. 차라리 태어나지 않았던 편이 그에게 좋을 것이라는 예수님의 말씀은 저주라기보다는 탄식처럼 들립니다.

몹시 두려운 일이지만 예수님에 대한 유다의 오해는 우리의 오해와 크게 다르지 않을 수 있습니다. 만일 예수님을 나의 궁극적인 소망을 이루어 주실 분으로만 여긴다면, 아무리 열정적으로 주님을 섬긴다 해도 그 열정이 예수님을 팔아넘기고 나 자신을 파멸시키는 무서운 결과를 낳을 수 있다는 사실을 유다는 우리에게 분명하게 보여줍니다.

마지막 신적 주권의 행사를 통하여 예수님은 친히 유월절 만찬을 위한 "나의 객실"(14:14)을 준비하십니다. 당시 예루살렘 시민들은 순례자들에게 무상으로 유월절 만찬 장소를 제공할 의무가 있었습니다. 유월절 만찬에 필수적인 양은 예루살렘 성전에서만 잡아야 했기에 유월절만 되면 전 세계에 흩어진 유대인들이 예루살렘으로 모였습니다. 만일 예루살렘에 모여든 엄청난 인파에 도성 주민들이 자기 맘대로 숙소를 제공하고 숙박비를 부과했다면, 그로 인해 발생할 착취와 혼란과 불의는 유월절 정신을 훼손하기에 충분했을 것입니다.

날이 저물어 유월절이 시작되자 예수님은 준비된 객실에서 제자들과 식사를 시작하십니다. 만찬을 시작하며 하신 첫 말씀이 배신의 고지였다는 사실은 수난의 이야기를 더욱 슬프게 만듭니다. 더욱이 배신자를 특정하지 않고 "나와 함께 그릇에 손을 넣는 자"(14:20)라고만 하신 것은, 마치 예수님과 가깝다고 여기는 우리 모두를 포함하는 것처럼 들려 더욱 마음을 무겁게 합니다.

PART 52

비극 속에 어른거린 희망

마가복음 14장 22~31절

유월절 만찬 자리에서 예수님은 우리가 '성만찬'이라 부르는 예식을 거행하십니다. 따라서 이번 본문은 성만찬 예식의 기원에 관한 이야기입니다.

하지만 성만찬 예식과 관련한 대표적인 본문은 사도 바울의 고린도전서 말씀(고전 11:17~34)입니다. 고린도전서는 초대교회의 그리스도인들이 성만찬 예식을 거행하는 모습을 포함하여 교회 예식으로서의 성만찬 '제정(制定)'을 다룹니다. 이 본문을 성만찬 제정과 관련짓는 이유는 마가복음에는 없는 "이것을 행하여 나를 기념하라"(고전 11:24~25)라는 예수님의 명령이 담겨 있고, 이 명령에 담긴 '거행'과 '기념'이라는 개념이 하나의 예식을 제정하는 데 있어 결정적인 요소가 되기 때문입니다.

지금도 교회는 성만찬 예식을 거행할 때마다 고린도전서 11장 23~26절 본문을 '성만찬 제정사'라는 제목으로 낭독합니다. 이처럼 고린도전서가 성만찬 예식의 제정에 관해 알려준다면, 마가복음의 유월절 만찬 이야기는 성만찬 제정사가 지니는 신학적인 의미를 잘 보여줍니다.

먼저 빵에 대한 마가의 묘사를 살펴보면, 오병이어의 기적에서 보았던 '가지다(take)-축복하다(thank)-떼다(break)-주다(give)'(6:41, 14:22)로 이어지는 성찬 개념의 연결고리들을 다시 확인하게 됩니다. 앞선 본문에서 설명했듯이 한국 상황에 맞춰 '떡을 떼다'로 번역한 헬라어의 원래 의미는 '빵을 부수다(break)'입니다. '떼다'라는 동사가 주는 진득하고 늘어지는 이미지와 달리, '부수다'는 보다 역동적이고 파괴적인 이미지를 전달합니다.

누룩 없이 구워진 딱딱하고 얇은 빵을 둘로 쪼개며 이것이 내 몸이라고 말씀하시는 예수님의 모습은 만인의 구원을 위해 꺾이고 부서지는 메시아의 죽음을 뚜렷하게 형상화합니다. 이와 관련해 요한복음은 자신을 빵으로 내어주시는 예수님의 모습을 자신의 신학 안에서 더욱 발전시켰습니다. 요한은 광야를 떠돌던 이스라엘 백성들의 삶과 생명을 유지시켰던 '만나'로 예수님을 제시하면서 그분을 '생명의 빵'으로 선언합니다(요 6:31~59).

성만찬이 거룩한 만찬을 뜻하는 신성한 '예식'이기에 우리는 성만찬이 원래 지녔던 '식사'와 '음식'의 의미를 간과하는 경향이 있습니다. 음식은 삶을 유지시키는 가장 근본적인 에너지원입니다. 이러한 빵과 음료수를 자신과 일치시킨 예수님은 영적인 생명을 위한 필수 요소로 자기 자신을 제공하십니다. 다른 대체재는 있을 수 없습니다.

"인자의 살을 먹지 아니하고 인자의 피를 마시지 아니하면 너희 속에 생명이 없느니라."(요 6:53)

이어 등장한 포도주는 사실 양고기와 무교병을 핵심으로 하는 유월절 만찬에서 중요한 요소가 아니었습니다. 하지만 포도주는 그 색깔로 인해 피를 상징하면서 예수님의 수난과 관련하여 매우 중요한 신학적 요소로 발전했으며, 이후 유대교의 유월절 만찬에서부터 그리스도교의 성만찬을 분리시키는 결정적인 역할을 담당합니다.

예수님은 포도주에 대하여 "이것은 많은 사람을 위하여 흘리는 나의 피 곧 언약의 피니라"(14:24)라고 말씀하십니다. "언약의 피"라는 표현은 하나님이 시내 산에서 모세와 언약을 맺는 장면에서 등장합니다. 모세는 제단을 쌓고 제물의 피를 모아 그중의 반을 제단에 뿌립니다. 그리고 백성에게 언약서를 낭독한 후 나머지 피를 백성들에게 뿌리며 다음과 같이 말합니다.

"이는 여호와께서 이 모든 말씀에 대하여 너희와 세우신 언약의 피니라"(출 24:8)

따라서 예수님이 말씀하신 피에는 만인을 위한 희생과 언약 체결이라는 의미가 함께 포함되어 있습니다. 이 언약은 이스라엘과 하나님이 시내 산에서 맺으신 계약을 계승하는 동시에 그 주체가 이스라엘에서 "많은 사람"(24절), 즉 만인에게로 확장되는 계약입니다. 즉 이 계약은 옛 계약을 계승한 새로운 계약, 구약(舊約)을 계승한 신약(信約)입니다.

자신을 '새 언약, 즉 신약의 일꾼'(고후 3:6)으로 생각한 바울은 마가복음의 "나의 피, 곧 언약의 피"라는 말씀 대신 "내 피로 세운 새 언약"(고전 11:25)이라는 표현을 받아들여 피보다 언약을 강조합니다. 이것은 예수님을 통해 만인으로 확대된 하나님의 계약을 더 중요하게 생각했기 때문입니다.

'피를 마신다'는 상징은 유대인들에게 생각만으로도 끔찍한 일이었습니다. 피를 마시는 일은 하나님께서 율법을 통해 금지하신 명령이기 때문입니다. 교회가 할례 없이 이방인들을 그리스도교 공동체에 받아들이기로 했을 때조차 율법의 피 규정에 대해서는 예외를 두지 않았습니다(행 15:20, 29). 그런데 피를 마신다니, 그것이 아무리 상징적이고 비유적인 행위라 해도 유대인들에게는 참기 힘든 일임이 분명합니다.

한편, 당시 이방인들에게 광범위한 영향력을 행사했던 디오니소스 숭배에서도 술의 신답게 포도주가 중심을 차지하고 있었습니다. 그럼에도 불구하고 디오니소스 제의 어디에도 포도주를 피와 연결한 흔적은 보이지 않습니다. 이는 그리스도교의 성만찬이 당시의 유대교나 디오니소스 숭배와 연결시킬 수 없는, 고유하고 독특한 예식이었음을 말해줍니다. 유대교의 유월절이 담고 있는 해방의 의미에 죽음과 희생과 계약을 의미하는 포도주를 합친 그리스도교 고유의 예식 성만찬이 십자가 죽음을 앞둔 예수님을 통해 우리에게 전해집니다.

만찬을 마치신 예수님은 제자들과 함께 유월절 전례에 따른 시편의 찬송을 부르며 감람 산으로 가십니다. 그런데 찬미의 노래를 부르며 겟세마네 동산으로 가는 도중, 갑자기 예수님은 제자들에게 선지자 스가랴의 예언을 인용하면서 너희가 모두 나로 인해 실족하고 흩어질 것이라는 충격적인 예언을 하십니다(14:27). 여전히 자신을 오해하고 있는 제자들에게 그 오해 때문에 결국 파국에 이를 것이라고 예언하십니다. 그리고 가장 강력하게 이를 부인하는 베드로에게 그가 세 차례나 부인할 것이라고 예언하십니다.

베드로와 제자들이 목숨까지 걸며 강력하게 부인하지만, 우리는 그 결과를 알고 있습니다. 실족하리라는 말씀에 큰 충격을 받은 나머지 제자들은, 그러나 버림이 끝이 아니라는, 스치듯 지나가는 주님의 중요한 예언을 깨닫지 못합니다.

"그러나 내가 살아난 후에 너희보다 먼저 갈릴리로 가리라."(14:28)

꿈과도 같은 부활의 약속은 비극 속에 슬쩍 비친, 잠시 어른거린 희망입니다. 하지만 흔들리는 촛불 같던 이 희망이 어떻게 온 세상을 불태웠는지 우리는 잘 알고 있습니다.

PART 53

마지막 수업

마가복음 14장 32~42절

예루살렘 성전 맞은편에는 올리브나무가 많아 '올리브 산'이라고 불리는 산이 있습니다. 성경을 우리말로 처음 번역했을 당시 올리브를 한자어로 감람(橄欖)이라 했기에, 〈개역개정판〉에서처럼 우리말 성경에서는 이 산을 '감람 산'이라 부릅니다. 이 산기슭에 올리브 열매와 어울리는 '기름틀'을 뜻하는 '겟세마네'가 있었습니다.

예수님은 바로 이곳에서 하나님께 최후의 기도를 드립니다. 곧 닥칠 체포와 죽음을 앞두고 받아들이기 힘든 하나님의 뜻 앞에서 고뇌하며, 제자들이 깨어 깊은 외로움에 함께하기를 기대하십니다.

그러나 피곤을 이기지 못한 제자들은 모두 잠이 들고, 예수님의 외로움은 끝내 해갈되지 못한 채 십자가에까지 이릅니다. 홀로 기도하다 기도를 멈추고 세 차례나 제자들을 보러 오신 예수님은 분명 위로를 기대하셨을 것입니다. 그러나 메시아 수난의 의미는 고사하고, 적어도 인간적으로나마 스승의 괴로움을 공감해 주리라 믿었던 제자들에 대한 기대는 허망하게 끝나고 맙니다.

예수님은 졸린 눈을 억지로 뜨는 베드로를 나무라며 말씀하십니다. "시험에 들지 않게 깨어 있어 기도하라 마음에는 원이로되 육신이 약하도다."(14:38) 〈공동번역〉은 이 구절의 뒷부분을 한층 더 인간적으로 번역합니다. "마음은 간절하나 몸이 말을 듣지 않는구나!" 절절하고 애틋한 심정을 잘 표현해 준 번역이긴 하지만, 유감스럽게도 〈공동번역〉과 〈개역개정판〉 모두 원문이 내포하는 신학적 의미를 제대로 살리지 못했습니다. 이 구절의 핵심은 '마음과 육신' 또는 '마음과 몸'의 대조가 아니라, '프뉴마(πνεῦμα, spirit)'와 '사르크스(σάρξ, flesh)', 즉 영(靈)과 육(肉)의 대조입니다. 그나마 우리말 번역 중 〈한국천주교회 창립 200주년 기념 신약성서〉의 초기 번역은 원문의 대조를 잘 살려 다음과 같이 번역했습니다. "영은 열원하나 육은 연약합니다." 예수님의 말씀은 인간의 심리 혹은 육체의 나약함이 아니라 유혹에 직면한 인간의 영혼이 맞닥뜨리는 영과 육의 갈등에 관한 신학적인 차원의 말씀인 것입니다.

우리는 영과 육의 갈등으로 깊은 고뇌를 토로했던 인물을 한 사람 더 알고 있습니다. 바로 사도 바울입니다. 바울은 영과 육을 대조하며 다음과 같이 설명합니다. "육신(σάρξ)을 따르는 자는 육신의 일을, 영(πνεῦμα)을 따르는 자는 영의 일을 생각하나니 육신의 생각은 사망이요 영의 생각은 생명과 평안이니라."(롬 8:5~6) 그러나 인간의 타락한 의지는 마땅한 생명의 영을 선택하지 못하고 파멸의 육으로 흐르고 맙니다. 원하는 것은 행하지 못하고 원하지 않는 것을 행하는 역설적인 실존의 절망에 바울은 이렇게 부르짖습니다. "오호라, 나는 곤고한 사람이로다. 이 사망의 몸에서 누가 나를 건져내랴!"(롬 7:24)

이것이 유혹에 빠질 수밖에 없는 인간의 실존입니다. 벗어날 수 없을 것 같은 영원한 미로 속에 갇힌 우리에게 예수님은 두 가지 명령으로 빠져나갈 길을 제시하십니다. "깨어 있으라!", "기도하라!"

‘시험에 들지 않게’, 즉 ‘유혹에 빠지지 않도록’이라는 목적과 ‘기도하라’라는 명령의 결합에서 우리는 “우리를 시험에 들게 하지 마옵소서”(마 6:13)라는 예수님이 가르쳐 주신 기도를 떠올립니다. 유혹과 관련해 기억해야 할 점은 예수님은 결코 유혹을 ‘이기기 위해’ 기도하라고 하지 않으셨다는 사실입니다. 주님은 유혹을 이기기 위해서가 아니라 유혹에 ‘빠지지 않기 위해’ 기도하라고 하십니다. 유혹은 피할 대상이지 극복할 대상이 아닙니다. 따라서 유혹에 빠지지 않기 위해 기도하는 것이 기도의 목적이며, 기도의 내용은 다음과 같은 것이어야 합니다.

“나의 원대로 마시옵고 아버지의 원대로 하옵소서.”(14:36)

겟세마네 동산의 기도는 신약성경을 통틀어 우리가 그 내용을 유일하게 아는 예수님의 개인 기도입니다. 그리고 이 기도의 핵심은 내 뜻과 하나님의 뜻은 다르다는 통렬한 인정과 고백이며, 하나님의 뜻대로 행하시라는 하나님에 대한 존중과 신뢰입니다. ‘기도하라’와 함께 주어진 ‘깨어 있으라’라는 명령은 삶 속에 도사리고 있는 유혹의 요소를 항상 의식해야 한다는 의미입니다.

예수님은 몸소 이 두 명령에 대한 본을 보여주셨습니다. 제자들이 잠들었을 때 예수님은 유혹에 맞서 깨어 계셨고, 제자들이 자신의 뜻을 추구할 때 예수님은 기도 가운데 하나님의 뜻과 자신의 뜻이 다를 수밖에 없음을 인정하셨습니다. 기도의 태도와 내용을 가르쳐 주신 주님께서 실천까지 보여주신 것입니다.

겟세마네의 기도는 제자들을 위한 예수님의 마지막 수업이었습니다. 그리고 이는 우리를 포함하여 미래에 만날 제자들을 위한 수업이기도 합니다. 예수님은 죽음을 앞에 두고도 최후까지 제자들을 가르치십니다. 유혹의 한복판에서도 가르침을 실천하며 자신을 따르라고 말씀하십니다.

PART 54

도망에도 격이 있다

마가복음 14장 43~52절

밀고자 유다를 통해 예수님의 위치를 파악한 산헤드린 공회는 무장한 무리를 파견해 캄캄한 어둠 속에서 유다가 입맞춤으로 특정한 예수님을 체포합니다.

체포의 와중에 칼부림이 일어납니다. 누군가 칼을 빼어 대제사장의 종을 쳤고, 그의 귀가 잘려나갑니다. 다른 복음서들은 예수님의 제자들이 행한 것이라고 말합니다. 마태복음은 칼을 뺀 사람을 "예수와 함께 있던 자 중의 하나"(마 26:51)라고 전하고, 누가복음은 "주여, 우리가 칼로 치리이까?"(눅 22:49)라고 물었던 사람 중에 하나라고 전함으로써 칼 휘두른 사람을 제자로 묘사합니다. 나아가 요한복음은 그의 이름을 베드로로, 대제사장의 종 이름을 '말고'로 밝히기까지 합니다(요 18:10).

하지만 다른 복음서들과 달리 마가복음에서는 칼을 휘두른 자가 누구인지 명확하지 않습니다. "곁에 서 있는 자"(14:47)가 제자들인지, 예수님을 잡으러 온 무리인지도 확실하지 않습니다. 누가는 제자들에게 검이 두 자루 있었다는 사실을 미리 알려주어(눅 22:38) 칼을 휘두른 자가 제자였다고 확언하지만, 마가복음에서는 검을 소지한 사람은 예수님을 잡으러 온 무리밖에 없습니다. 따라서 마가복음에서 종의 귀가 잘린 사건은 예수님을 체포하러 온 무리 중 하나가 혼란스러운 체포 과정에서 실수로 저지른 돌발 사건처럼 묘사됩니다.

예수님을 붙잡으러 온 무리의 혼란과 소동은 체포의 순간에도 침착함과 평온함을 유지하시는 예수님과 극명하게 대조됩니다. 적대자들은 혼돈 가운데 자해하고 제자들은 혼비백산하여 도망치기에 바쁘나, 오직 주님은 평온하십니다. 고통의 기도 끝에 하나님의 뜻을 인정하고 받아들인 자의 거룩한 평온입니다.

그런데 이 혼란한 와중에 이상한 인물이 하나 등장합니다. 예수님을 따라가다가 무리에게 붙잡히자 베 홑이불을 버리고 알몸으로 도망친 청년입니다. 이 작은 일화는 갑작스럽고 이상합니다.

알몸 청년의 정체는 과연 무엇일까요? 그에 대한 첫 번째 단서는 '베 홑이불'입니다. '베 홑이불'에 해당하는 헬라어는 σινδών신돈입니다. 이 특이한 단어는 마가복음에서 딱 두 차례 등장하는데, 이곳 외에 예수님의 시신을 수습하는 장면에서 나옵니다.

"요셉이 세마포(σινδών)를 사서 예수를 내려다가 그것(σινδών)으로 싸서 바위 속에 판 무덤에 넣어 두고 돌을 굴려 무덤 문에 놓으매 막달라 마리아와 요세의 어머니 마리아가 예수 둔 곳을 보더라."(15:46~47)

우리말 번역에 각각 '베 홑이불'과 '세마포'로, 전혀 다르게 들리도록 번역된 단어가 헬라어로는 같은 단어입니다. 알몸에 세마포를 둘렀던 청년처럼 십자가에서 죽으신 예수님 역시 알몸인 시신에 세마포를 둘렀다는 공통점은 왠지 의미심장합니다. '청년(νεανίσκος네아니스코스)' 역시 세마포처럼 마가복음에 두 번 등장하는데, 무덤가를 찾은 여인들에게 예수님의 부활을 선포하는 장면에서 다시 '청년'이 등장합니다(16:5). 부활을 고지하는 인물을 마태는 "천사"(마 28:5)로 소개하고, 누가 역시 신적인 존재인 "찬란한 옷을 입은 두 사람"(눅 24:4)으로 소개한 반면, 마가는 신비적 신적 요소를 배제한 채 그저 "흰 옷을 입은 한 청년"으로만 소개합니다.

특이하게도 청년이 입은 옷에 사용한 '입었다'라는 헬라어 동사 역시 도망간 청년에서 사용한 것과 똑같습니다. 우리말로는 "두르고"(14:51)와 "입은"(16:5)으로 각각 달리 번역됐지만, 헬라어로는 모두 동일하게 περιβάλλω페리발로, 즉 '둘러 입다'라는 동사가 사용됐습니다. 이 단어도 '세마포'와 '청년'처럼 마가복음에 딱 두 차례, 청년과 관련해서만 사용됩니다. 따라서 헬라어 원어로 마가복음을 읽은 독자라면 예수님의 알몸 시신을 감싼 '세마포'에서 분명 청년이 알몸에 입은 '베 홑이불'을 떠올렸을 것이고, 흰 옷을 '입은' 청년에서 베 홑이불을 '두른' 청년을 떠올렸을 것입니다.

청년의 정체를 정확히 알 길은 없지만 예수님의 죽음과 부활에 밀접하게 연관된 것이 분명합니다. 청년은 최후까지 예수님을 따랐습니다. 우리말 성경은 단순하게 "예수를 따라가다가"(14:51)라고 번역했지만, 헬라어 원문에서는 '따르다' 동사에 '함께(σύν쉰)'라는 뜻의 접두어가 결합되어 그 의미가 훨씬 강조되어 있습니다. 즉, 청년은 열두 제자에 속하지는 않았지만, 그들과 '함께' 따르고 있었던 사람입니다. 결국 그도 도망쳤지만, 다른 제자들과 달리 청년은 자신이 잡히는 최후의 순간까지 예수님을 따랐습니다.

이것은 다음과 같은 교훈을 전해주는 것 같습니다. “도망에도 격이 있다.” 도망에도 격이 있고 차이가 있습니다.

“열둘 중의 하나”(14:43)인 유다는 스승을 적극적으로 버렸고, 열한 명은 수동적으로 버리고 도망쳤습니다. 미지의 청년 역시 예수님을 버리고 도망쳤으나 끝까지 따르다가 도망함으로써 열두 제자와 다른 품격을 보여줍니다. 어쩌면 그렇기에 마가는 그를 예수님과 가장 비슷한 모습으로 묘사하고, 부활의 선포자라는 상급을 받은 사람으로 묘사한 것일지 모릅니다.

이 청년의 모습은 비록 신앙에서 실패한다 해도 끝까지 최선을 다해야 한다는 사실을 가르쳐 줍니다. 실패에도 격이 있기 때문입니다.

PART 55

신성모독적인 재판

마가복음 14장 53~65절

체포한 예수님을 대제사장에게 끌고 가자마자 곧바로 한밤중에 공회가 소집됩니다. 마가는 이때 베드로가 멀찍이 떨어져서 예수님을 따라갔다고 전합니다. '멀찍이'라는 부사가 붙긴 했지만, 도망갔던 베드로는 다시 돌아와 대제사장의 관저 안까지 주님을 따랐습니다. 물론 이후에 다시 예수님을 부인하지만, 그래도 모든 제자를 대표하는 수제자답게 홀로 남아 스승의 재판을 지켜봅니다.

하지만 여기까지 따라온 동기를 짐작할 때, 아마도 베드로는 이때까지도 오해로 가득 찬 희망을 품고 있었을 것입니다. 그는 재판 과정에서 예수님이 위엄과 능력을 보여주시길 기대했을지 모릅니다. 며칠 전 성전에서 그러셨던 것처럼 최고의 종교 권력자들을 권위로 누르시는 장면을 기대했을지 모릅니다.

그러나 그의 헛된 바람은 끝내 이루어지지 않습니다. 종교 권력자들을 날카롭게 비판하며 공격하던 스승의 모습은 온데간데없습니다. 그렇게 말씀을 잘하시던 스승은 제대로 변호도 하지 못한 채, 마치 도

살장의 양처럼 초라하고 무력하게 침묵만 지킬 뿐입니다. 재판 과정을 지켜보던 베드로의 마음은 큰 기대에서 큰 실망으로 변했을 것입니다. 이후 저주의 맹세와 함께 강렬하게 스승을 부인한 것만 보더라도, 베드로가 스승의 비참한 최후를 예감하고 그 고난에 동참하기 위해 그 자리에 있었던 것은 아니라는 점이 확실합니다. 이는 예수를 따름이 십자가 추종이 아니라 자기 욕심에 대한 미련과 헛된 희망에 대한 집착일 수 있다는 무서운 사실을 우리에게 보여줍니다.

유대교 최고 의회의 목적은 단순하고 분명합니다. 예수를 죽이는 것입니다(14:55). 이를 위해 그들은 거짓 증인들을 동원하는 비열한 수단조차 서슴지 않습니다. "네 이웃에 대하여 거짓 증거하지 말라."(출 20:16) 하나님의 계명을 수호한다고 자부하며 계명을 지키라고 가르치는 자들이 모든 계명의 근본이 되는 십계명의 준엄한 명령을 스스로 어기고 있습니다.

그런데 거짓 증인들의 증언마저 서로 일치하지 않습니다. 고소를 당한 예수님조차 깊은 침묵을 지킵니다. 그러자 최후 수단으로 대제사장이 일어나 예수님께 도발적인 질문을 던집니다.

"네가 찬송 받을 이의 아들 그리스도냐?"(14:61)

이 질문의 핵심은 후자가 아니라 전자에 있습니다. 메시아는 어떤 사람이든 될 수 있기 때문입니다. 메시아라는 자기주장은 사형에 해당하는 죄가 아닙니다. 그러니 문제의 함정은 "찬송 받을 이의 아들", 즉 '하나님의 아들'이라고 예수가 인정하느냐에 달려 있습니다. 만일 예수가 신의 아들로 주장한다면 이것은 엄청난 물의를 일으킬 것이기 때문입니다.

'신의 아들'은 이방인들에게 매우 익숙한 구원자의 표상입니다. 실제로 예수님 당시에 신격화되었던 황제 아우구스투스와 그의 후계자들에게 '신의 아들(Divi Filius)'이라는 칭호가 부여됐고, 율리우스 카이사르를 '신의 아들(θεοῦ υἱός테우 휘오스)'로 표현한 비문도 발견됐습니다. 마가복음에서도 예수님을 하나님의 아들로 부른 존재들은 예수님의 신적 본질을 알고 있었던 귀신들(3:11)을 제외하면 이방인인 거라사인(5:7)과 로마 장교 백부장(15:39)밖에 없습니다. 다시 말해 실제적인 의미에서의 '신의 아들'이라는 표현은 유대인들이 매우 꺼리는 표현입니다.

물론 구약성경에도 '하나님의 아들'이라는 표현이 사용된 여러 예가 있습니다. 천사들을 하나님의 아들들이라 부르고(창 6:2; 욥 1:6), 하나님의 사랑을 받은 자들, 특히 이스라엘을 '하나님의 아들들'이라 부릅니다(호 1:10). 이스라엘과 하나님의 관계를 부자 관계로 표현하거나(출 4:22; 신 32:6; 호 11:1), 이스라엘 대표자인 왕을 하나님의 아들로 표현한 경우도 있습니다(삼하 7:14). 하지만 이는 모두 부자 관계를 유비로 한 비유적인 표현입니다. 결코 하나님의 아들이 하나님과 같은 신적 존재라는 의미로 사용하지 않습니다.

대제사장의 질문은 유비적인 의미에서의 하나님의 아들을 묻는 것이 아닙니다. 왜냐하면 질문에 대한 예수님의 답변을 곧바로 신성모독과 연결시키기 때문입니다. 자기 입으로 감히 '하나님의 아들'이라 발설하지 못해 '찬송 받을 이의 아들'이라고 에둘러 말한 것 자체가 그의 악의와 비겁함을 동시에 증명해 줍니다. 질문 자체가 신성모독임에도 하나님을 섬기는 대제사장이 목적을 위해 가장 불경한 수단을 이용하고 있습니다.

자신을 죽이려고 신성모독적인 질문조차 서슴지 않는 최고 성직자에게 예수님은 그가 원하는 답을 그의 방식대로 들려주십니다. "나는 하나님의 아들이다. 나는 권능자의 우편에 앉아 있다가 하늘 구름을 타고 내려올 것이다."

“이 정도면 충분하냐?” 예수님은 마치 이렇게 대답하신 것 같습니다. 마침내 원하는 답을 얻은 대제사장은 옷을 찢는 ‘쇼’를 시전한 후 재판관들과 함께 사형을 언도하고 신성모독적인 재판을 종결합니다. 이 불의한 재판은 종교인이 타락할 때 그들이 사용하는 수단 역시 타락할 수밖에 없음을, 그리고 타락을 깨달을 능력조차 잃게 됨을 똑똑히 보여줍니다.

PART 56

가장 깊은 어둠

마가복음 14장 66~72절

세 번에 걸친 베드로의 부인은 복음서의 수난 이야기 중에서 가장 드라마틱합니다. 너무나 인간적인 그의 모습에서 우리는 찬송가 가사처럼 늘 주님을 배반하는 자신의 모습을 발견합니다. 배반과 동시에 울려 퍼지는 닭 울음소리는 드라마에 정점을 찍습니다.

이 이야기는 대제사장 관저 뜰에서 불을 쬐는 베드로를 주목해 보던 한 여종의 등장으로 시작합니다. 여종은 베드로에게 다가가 당신도 나사렛 예수와 함께 있었다며 말을 겁니다. 그러자 베드로는 무슨 말을 하는지 모르겠다며 바깥쪽 뜰로 몸을 피합니다. 스승에게 사형 판결이 내려졌고, 그 판결과 함께 자신의 모든 희망이 무너져 내리는 경험을 한 직후였습니다. 하지만 여종은 포기하지 않고 계속해서 주위 사람들에게 "이 사람은 예수 무리에 속한 사람"이라고 말합니다. 베드로가 다시 부인하지만 이제는 여종의 말을 들은 사람들도 그가 예수 무리에 속한 사람이라고 확신합니다.

그들은 그 이유를 다음과 같이 밝힙니다. "너도 갈릴리 사람이니

참으로 그 도당이니라."(14:70) 그들이 베드로가 갈릴리 사람임을 외형으로 알아봤을 리 없습니다. 예루살렘 사람들이 그의 출신지를 단박에 알아챈 것은 그의 말투 때문이었습니다. 이스라엘은 지역마다 고유한 사투리가 있었는데, 예수님이 자라고 활동하신 갈릴리 지역은 특히 사투리가 강했습니다.

이스라엘 사람들이 사투리로 지역민을 가려낸 이야기는 구약성경에도 있습니다. 사사 입다가 에브라임 사람들과 싸워 승리했을 때 길르앗 사람들이 에브라임 패잔병들을 구별해 낸 방법은 에브라임 사람들이 발음하지 못하는 단어를 말해보도록 한 것이었습니다. 그때 "쉽볼렛"을 제대로 발음하지 못해 사형당한 사람이 무려 사만이천 명이었다고 성경은 전합니다(삿 12:6). 이것은 1923년 관동대지진 당시 일본인들이 한국인들을 희생양 삼아 대량 학살하면서 한국인들이 발음하기 어려운 일본어 단어를 말하게 한 뒤 제대로 발음하지 못하면 죽인 사건과도 매우 유사합니다.

베드로가 부인하면서 말을 한 순간 사람들은 그가 갈릴리 출신임을 알아챕니다. 이 사실을 분명히 하기 위해 마태복음은 추가 설명을 덧붙입니다. "너도 진실로 그 도당이라 네 말소리가 너를 표명(表明)한다."(마 26:73) 하지만 베드로는 저주를 겸한 맹세까지 하면서 강하게 부인합니다. "나는 너희가 말하는 이 사람을 알지 못하노라!"(14:71) 그러자 곧 닭이 웁니다.

마지막 부인과 함께 새벽 닭이 울고 베드로가 깊은 후회 속에서 통곡하는 모습은, 이후 예수님의 일생을 그린 많은 영화에 등장하면서 우리의 머릿속에 각인되었습니다. 하지만 이 표상은 마가복음이 닭 울음 묘사와 함께 전하고자 한 내용과 완전히 다릅니다. 결론적으로 말하면 베드로가 예수님을 부인한 시점은 새벽녘이 아니며, 닭 울음 또한 실제의 닭이 운 소리가 아닙니다.

이에 대한 설명을 본격적으로 하기에 앞서, 우리는 "닭이 곧 두 번째 울더라"(14:72)라는 표현에 주목해야 합니다. 이 구절에서 언급한 '두 번째'라는 표현은 매우 이상하게 보입니다. '두 번째'라는 말을 사용하려면 필연적으로 첫 번째에 대한 언급이 있어야 하는데, 마가복음에는 첫 번째 닭 울음이 등장하지 않기 때문입니다.

이를 이상하게 여긴 몇몇 초기 필사가들은 마가복음을 필사할 때 원문에 없는 첫 번째 닭 울음을 스스로 만들어 적어 넣었습니다. 68절의 성경 각주에서 설명하듯, 그들은 베드로의 첫 번째 부인 장면 끝에 "마침 닭이 울더라"를 삽입해 이 난해한 상황을 모면하고자 했습니다. 그러나 이런 인위적인 시도는 원래 본문에 첫 번째 닭 울음에 대한 언급이 없다는 사실을 확인시켜 줄 뿐입니다.

예수님은 분명 "오늘 이 밤 닭이 두 번 울기 전에 네가 세 번 나를 부인하리라"(14:30)라고 예언하셨습니다. 그런데 마가는 결정적으로 중요했을 첫 번째 닭 울음에 대한 묘사를 생략합니다. 왜 그랬을까요?

그것은 예수님이 말씀하신 닭 울음과 베드로가 들은 닭 울음이 실제 닭의 소리가 아니었기 때문입니다. 예수님이 말씀하신 '닭 울음'은 시간을 알려주던 나팔 소리를 가리키는 별칭이었습니다. 당시 로마 제국은 밤 시간을 넷으로 나눈 네 개의 야경(夜警, night watch) 체제를 사용했는데, 그중 72절의 '닭울음'은 세 번째 야경, 즉 밤 12시부터 새벽 3시까지에 해당하는 삼경(三警, third watch)을 가리킵니다. 마가복음은 사경에 대한 통속적인 표현도 알려주는데, 여기서도 '닭 울음'을 언급합니다.

"그러므로 깨어 있으라. 집 주인이 언제 올는지 혹 저물 때(일경)일는지, 밤중(이경)일는지, 닭 울 때(삼경)일는지, 새벽(사경)일는지 너희가 알지 못함이라."(13:35)

이처럼 베드로의 마지막 배신과 함께 언급한 '두 번째 닭 울음'은 삼경의 끝을 알리는 나팔 소리를 가리킵니다.

베드로의 배반이 동 트는 여명이 아니라 삼경의 종료시간에 일어났다는 사실은 비극의 시간을 훨씬 앞당깁니다. 새벽 3시, 어둠이 가장 깊은 시간입니다. 빛의 흔적조차 찾을 수 없는 짙은 암흑의 시간이 배반의 시간으로 제시됩니다. 믿음의 추락과 영혼의 실패에 대한 가장 강력하고 심오한 상징입니다.

베드로는 처절하고도 쓰라린 영혼의 실패를 가장 밑바닥까지 맛봅니다. 하지만 우리는 이후의 일을 알고 있습니다. 죽음과도 같은 가장 깊고 어두운 실패를 겪은 그가 찬란한 은혜를 향한 부활로 일어섰다는 사실을 말입니다. 어쩌면 깊은 어둠 속에서야 비로소 진정한 은혜의 빛을 발견할 수 있는지 모릅니다.

베드로에게 그랬던 것처럼 은혜에 기대어 있는 한, 영혼의 실패가 영원한 절망으로 우리를 짓누르는 일은 결단코 없을 것입니다.

PART 57

비겁한 관리

마가복음 15장 1~15절

예수님께 내려진 불의한 처형이 비열한 성직자에서 시작돼 비겁한 관리의 손에서 완성됩니다.

예수님의 심문과 관련하여 다른 복음서들은 빌라도에게 어느 정도 좋은 인상을 심어주기 위해 노력합니다. 마태복음은 빌라도 아내의 꿈 이야기를 들려주며 빌라도가 예수님을 살려주고 싶어 했다고 암시하고(마 27:19), 누가복음은 "빌라도는 예수를 놓고자 하여"(눅 23:20)라는 명시적인 말로 그가 예수님을 풀어주고자 했다고 전합니다. 나아가 요한복음은 "빌라도가 예수를 놓으려고 힘썼으나"(요 19:12)라는 말까지 하며 빌라도를 강하게 변호합니다.

하지만 마가복음에는 빌라도에 대한 변호나 긍정적인 인상을 심어주는 묘사가 하나도 등장하지 않습니다. 그저 군중이 두려워 자신의 의무와 책임을 다하지 않은 비겁한 관리로 그립니다. 빌라도는 에두르지 않고 곧바로 사안으로 들어갑니다.

"네가 유대인의 왕이냐?"(15:2)

그의 관심사는 이것뿐입니다. 다른 종교적 문제들은 그가 상관할 바 아닙니다. 예수라는 자가 유대인들의 왕을 자처하면서 이스라엘의 독립을 선언하고 로마 제국에 대항하는가, 이것에만 관심합니다. 단도직입적인 빌라도의 질문에 예수님은 이상한 대답을 내놓으십니다.

"네 말이다."

〈개역개정판〉의 "네 말이 옳도다"라는 번역은 지나치고 과합니다. 이 대답은 예수님이 질문을 인정하시는 것처럼 들립니다. 헬라어 원문의 "σὺ λέγεις쉬 레게이스"는 영어라면 "You say" 정도로 번역될 말입니다. 따라서 〈개역개정판〉보다는 새번역의 "당신이 그렇게 말하였소"나 〈공동번역〉의 "그것은 네 말이다"가 훨씬 원문에 적합합니다. 만일 〈개정개역판〉의 번역처럼 예수님이 유대인의 왕임을 인정하셨다면 빌라도가 무반응일 리 없습니다. 바로 심문을 시작했을 것입니다. 하지만 빌라도는 예수님의 대답에 아무 반응도 보이지 않습니다. 단지 자신에 대한 고소가 남발하는, 그것이 목숨을 잃게 할 상황임에도 예수가 줄곧 침묵을 지키는 것을 이상하고 놀랍게 여길 뿐입니다.

영리한 빌라도는 예수가 자신이 말한 죄목에 해당하지 않는다는 사실뿐 아니라 어떤 이유로 이런 상황에 처했는지 알아차립니다. 산헤드린에게는 예수와 관련한 사태가 유대교의 근간을 뒤흔드는 문제겠지만, 로마 장교의 눈에는 단지 종교적인 "시기로"(15:10) 인해 일어난 사건에 불과했습니다. 그리하여 나름의 해결 방안을 고안합니다. 식민지 종교 지도자들의 술책과 농간에 넘어가 죄 없는 자를 처벌하는 것은 로마의 법질서를 어지럽히는 동시에 자존심이 허락할 수 없는 일이었을 것입니다.

빌라도는 이스라엘 해방을 기념하는 유월절을 맞아 죄수를 사면하는 관습을 이용하기로 합니다. 후보는 두 사람, 바라바와 예수입니다.

“민란을 꾸미고 그 민란중에 살인하고 체포된 자”(15:7)라는 설명은 바라바가 대로마 무장 항쟁을 수행한 열심당원임을 말해줍니다.

빌라도는 이스라엘 사람들이 감히 로마 장교와 군대 앞에서 로마에 무장 투쟁을 벌인 살인범을 풀어달라고 요구하리라고는 생각지 못합니다. 당연히 예수를 풀어달라고 할 줄 알았지만, 산헤드린 공회는 이미 여론 조작을 끝낸 후였습니다. 무리는 바라바를 놓아달라고 요구할 뿐 아니라 예수를 십자가에 못 박으라고 소리를 지릅니다. 예상이 빗나가 당황한 빌라도가 예수는 그럴 만한 범죄를 저지르지 않았다고 반박하나, 성난 군중은 더욱 소리를 높여 예수를 십자가에 못 박으라고 외칩니다.

만일 빌라도가 자신의 의무와 책임에 충실한 관리였다면 그 어떤 외압에도 예수를 풀어줬을 것입니다. 그것이 그가 충성하는 로마 제국의 법과 정의를 지키는 길이기 때문입니다. 하지만 그는 예수에게 죄가 없다는 사실을 알면서도, 적어도 십자가에 처형할 만한 중죄가 아님을 확신했음에도 자신의 입으로 말한 ‘유대인의 왕’을 죄목 삼아 사형을 언도합니다. 그 이유를 마가는 이렇게 기록합니다.

“빌라도가 무리에게 만족을 주고자 하여.”(15:15)

그는 비겁한 관리였습니다. 그러기에 귀찮은 정의보다 비겁한 안정을 택합니다. 바라바를 놓아주고 예수를 채찍질한 후 십자가에 못 박히도록 넘겨줍니다. 처형하기 전 죄인을 채찍질하는 것은 채찍질로 기운을 빼서 십자가에서 가능한 한 빨리 죽게 하기 위한 것이라고 합니다. 만일 그런 경우라면 빌라도는 나름 자비를 베푼다고 생각했을지 모릅니다. 하지만 그 역시 양심의 가책을 덜기 위한 비겁한 행동일 뿐입니다. 비겁한 사람은 모든 동기와 행동에서 비겁하다는 사실을 빌라도는 몸소 보여줍니다.

군인들에게 넘겨진 예수님은 잔인한 조롱과 구타를 당하십니다. 군인들은 예수님을 왕의 행색으로 꾸민 뒤 문안하고 절하면서 조롱합니다. 머리를 때리고 침을 뱉습니다.

"나는 벌레요 사람이 아니라 사람의 비방거리요 백성의 조롱거리니이다."(시 22:6)

예수님이 십자가 위에서 인용하신 시편의 말씀이 들려오는 것만 같습니다.

PART 58

내려오지 않는다

마가복음 15장 16~32절

많은 영화가 예수님의 십자가 처형 장면을 끔찍하고 처절하게 묘사합니다. 특히 《패션 오브 크라이스트》는 그 묘사가 너무 사실적이고 잔인해서 눈 뜨고 보기 어려울 정도입니다. 많은 그리스도인이 이 영화를 보고 주님의 고통을 간접 체험하면서 뜨거운 눈물을 흘리고 찬사를 보냅니다. 영화를 볼 때는 이렇게나 감동적인데, 이상하게도 복음서의 수난 장면을 읽을 때는 그렇게까지 감정에 동요되지 않습니다.

우리의 감정이 메말랐기 때문일까요? 아닙니다. 그것은 복음서의 기술 방식이 앞서 말한 영화와 완전히 다르기 때문입니다.

복음서는 예수님의 죽음을 감정이 아닌 신학적으로 묘사합니다. 즉 감정에 호소하지 않고 예수님의 죽음의 의미를 성찰하기를 요구합니다. 복음서 기자들은 예수님의 죽음 앞에서 눈물을 흘리며 감정이 고양되기를 원하지 않고, 죽음의 의미를 깊이 성찰하여 우리의 삶과 행동이 변화하기를 원합니다. 이런 의미에서 영화의 묘사는 복음서의 묘사와 가장 반대 지점에 놓여 있다고 할 수 있습니다. 감정은 사람을 변화시키지 않습니다. 사람을 변화시키는 것은 성찰과 결단입니다. 복음서에 묘사된 예수님의 죽음은 바로 이것을 의도합니다.

골고다에 이르는 길은 구레네 사람 시몬과 함께 시작됩니다. 오늘날의 리비아에 속하는 북아프리카 해변 도시 '구레네' 또는 '키레네(Cyrene)'는 디아스포라 유대인들이 많이 살던 곳이었습니다. 예루살렘에 구레네 출신 유대인들을 위한 회당이 따로 있었음을 볼 때(행 6:9), 시몬은 구레네에 살다가 이스라엘로 이주한 유대인으로 보입니다.

로마 군인들은 태형에 지친 예수님 대신 지나가던 시몬을 붙잡아 십자가를 지게 합니다. 얼떨결에 시몬은 "누구든지 나를 따라오려거든 자기를 부인하고 자기 십자가를 지고 나를 따를 것이니라"(8:34)라는 주님의 말씀을 따르는 복을 받게 됩니다. 이때 시몬과 그의 아들들인 알렉산더와 루포의 이름이 구체적으로 언급된 사실은 이 이름들이 마가복음을 읽는 독자들에게 이미 알려진 이름이었으라는 추측을 가능케 합니다. 그래서 어떤 이들은 바울이 로마 그리스도인들에게 안부를 전할 때 거론했던 "주 안에서 택하심을 입은 루포와 그의 어머니에게 문안하라 그의 어머니는 곧 내 어머니니라"(롬 16:13)에서의 루포가 시몬의 아들이 아닐까 추측하기도 합니다. 사실을 확인할 길은 없으나 우연히 십자가를 진 시몬이 이후 가족과 함께 그리스도인이 되고 교회에서 중요한 인물로 활동했다는 상상은 참으로 아름다운 상상입니다.

골고다에 도착하신 예수님은 제 삼 시(아침 9시)에 십자가에 못 박히십니다. 마취제로 사용되는 몰약을 탄 포도주를 거절하시면서 맨정신으로 죽음을 맞겠다는 의지를 보이십니다. 시편의 예언에 따라 군인들은 예수님의 옷을 제비 뽑아 나눠 가집니다(시 22:18). 그리고 바라바의 동료였을지 모르는 죄수들이 예수님의 좌우편에 못 박힙니다. 십자가 위 죄패에는 빌라도가 말했던 '유대인의 왕'이 적혀 있습니다.

지나가는 사람들이 머리를 흔들며 예수님을 조롱하는 장면 속에 시편과 예레미야애가의 말씀이 울립니다(시 22:6~8; 애 2:15~16). 마가복음은 구약성경의 탄식들을 인용하면서 예수님의 수난이 과거 이스라엘이 겪었던 모든 수난을 아우르며, 앞으로 있을 모든 수난도 아우를 것임을 보여줍니다. 그리고 마가는 마침내 조롱하는 자들의 입을 통하여 십자가 신학에서 가장 중요한 주제인 다음의 말을 전합니다.

"십자가에서 내려오라!"(15:30)

조롱하는 무리에 대제사장들과 서기관들도 합세했다는 사실은 이 조롱에 신학적 의미가 내포되었음을 시사합니다. "그가 남은 구원하였으되 자기는 구원할 수 없도다."(15:31) 역설적이게도 그들의 조롱은 하나님의 섭리를 드러내는 신학적 선포로 기능합니다. 자기도 모르게 진리를 발설한 이들이 이번에는 예수님께 "그리스도가 지금 십자가에서 내려와 우리가 보고 믿게 할지어다!"(15:32)라고 요구합니다. 마가복음의 가장 중요한 주제인 '믿음'이 예수님의 하나님 나라 선포(막 1:15) 이후 가장 중요한 순간에 다시 등장합니다.

이제 십자가는 믿음의 시험대가 됩니다. 대제사장들과 서기관들의 말에는 '십자가에서 내려옴', '봄', '믿음'이라는 세 가지 요소가 의미심장하게 연결되어 있습니다. 특별히 마가복음에서 봄은 이해를 의미하고(4:12, 8:18), 이해는 믿음으로 이어집니다. 율법 전문가들이 믿음에 이르는 전제조건으로 그리스도, 즉 메시아가 십자가에서 내려올 것을 요구합니다. 하지만 예수님은 내려오지 않으십니다. 예수님께는 그리스도가 십자가에서 내려오지 않는 것이, 고난 가운데서 죽는 것이 메시아 구속의 본질이기 때문입니다. 이에 예수님은 십자가에서 내려오지 않으셨고, 대제사장들과 서기관들은 믿음에 이르지 못합니다. 그들 역시 보기는 보아도 알지 못하는 외인(外人)이기 때문입니다.

PART 59

말은 끝까지 들어야 한다

마가복음 15장 33~41절

예수님이 숨을 거두시는 장면에도 신학적 성찰을 요구하는 요소가 가득합니다.

정오가 되자 온 땅이 어둠으로 가득 차고 오후 3시에 예수님은 숨을 거두십니다. 숨을 거두시기 직전 예수님은 크게 소리를 지르십니다. "엘리 엘리 라마 사박다니!"(15:34) 마가는 예수님의 육성을 전하려는 듯 예수님이 사용하셨던 아람어를 번역과 함께 기록합니다. "나의 하나님, 나의 하나님, 어찌하여 나를 버리셨나이까?" 이렇게 시편 22편을 여는 탄식의 외침이 십자가 위에서 울려 퍼집니다.

'어찌하여'에 해당하는 헬라어 εἰς τί에이스 티(for what)는 이 질문이 목적을 묻는 질문임을 분명히 합니다. 예수님은 버림받는 이유가 아니라 그 목적을 하나님께 묻습니다. 이를 통해 이루시려는 것이 무엇인지 묻고 있습니다. 아람어를 적은 또 다른 이유는 이 말이 불러일으킨 오해를 묘사하기 위해서입니다. '엘리'를 '엘리야'로 잘못 들은 사람들은 종말에 나타나기로 예정된 엘리야가 정말로 나타나 기적을 보이는지

궁금해하기 시작합니다. 뭔가 엄청난 신적 드라마가 일어날 것을 기대한 사람들은 신 포도주로 예수님의 죽음을 지연시키려 합니다.

하지만 사람들의 헛된 망상을 뒤로 한 채 예수님은 큰 소리를 지르고 숨을 거두십니다. '숨지다'에 해당하는 헬라어 ἐκπνέω엑프네오가 '안에서 밖으로'를 뜻하는 전치사 ἐκ에크와 '숨쉬다'를 뜻하는 동사 πνέω프네오가 결합돼 만들어진 단어라는 점은 흥미롭습니다. 왜냐하면 πνέω에서 파생된 명사가 바로 '숨' 또는 '영'을 뜻하는 πνεῦμα프뉴마이기 때문입니다. 따라서 ἐκπνέω는 문자 그대로 '영을 밖으로 내보내다'로 읽을 수 있습니다.

그렇다면 이 구절은 예수님이 세례받을 때 내려오셨던 성령(πνεῦμα, 1:10)을 다시 내보내는 장면이 됩니다. 이런 생각이 지나친 과장이 아님을 다른 복음서들도 증명합니다. 예수님의 숨지심을 묘사할 때 누가도 마가처럼 ἐκπνέω를 사용하고, 마태는 ἀφῆκεν τὸ πνεῦμα아페켄 토 프뉴마, 즉 '영을 가게 했다, 보냈다'라고 표현합니다. 거기에 요한은 παρέδωκεν τὸ πνεῦμα파라도켄 토 프뉴마로, 마치 하나님께 영을 돌려드리듯이 '영을 넘겨주셨다'라는 표현까지 합니다. 복음서의 이러한 변주들은 마가가 예수님의 숨지심을 세례와 연결시키고 있을지 모른다는 가능성을 비춰줍니다. 사역의 시작과 함께하셨던 성령이 사역이 끝나자 예수님을 떠나시는 것처럼 보이기도 합니다.

예수님의 죽음과 함께 성전의 휘장이 둘로 찢어집니다. 이 휘장이 성전 외벽의 휘장인지, 내부의 지성소를 가렸던 휘장인지는 분명하지 않습니다. 하지만 이것이 신학적인 상징이라면 당연히 후자일 것입니다. 그리스도의 죽으심으로 하나님과 인간 사이를 가로막았던 장막이 제거되고, 이제 모든 인간이 하나님을 직접 만날 수 있는 새로운 길이 열리게 되었습니다.

이어지는 백부장의 고백은 이 새로운 현실과 정확하게 일치합니다. 놀랍게도 백부장은 예수님이 '그렇게' 숨지심을 '보고'도 구원자로 고백합니다(15:39). 여기서 '그렇게'란 십자가에 달리신 채로, 즉 '십자가에서 내려오지 않은 채로'를 의미합니다. 십자가에 달린 채로 죽으신 그리스도를 보고도 백부장은 믿음의 고백을 올립니다. 대제사장들과 서기관들도 똑같은 것을 보았지만, 그들이 믿음에 이르지 못한 반면 백부장은 믿음에 이릅니다.

"이 사람은 진실로 하나님의 아들이었도다!"(15:39)

우리는 마가복음의 시작 부분에서 '그리스도'와 '하나님의 아들'이 각각 유대인들과 이방인들을 위한, 두 세계의 구원자를 지칭함을 살펴보았습니다. 베다니의 이름 모를 여인이 유대인 대표자로 예수님의 머리에 기름 부어 그를 '그리스도'로 고백했다면, 로마의 백부장은 이방인 대표로 십자가에 달린 채 돌아가신 예수님을 '하나님의 아들'로 고백합니다. 두 세계의 대표자 모두 수난 속의 구원자를 고백하고 있습니다. 이처럼 예수님의 십자가 처형과 죽으심은 신학적인 성찰들로 가득 차 있습니다.

마가는 예수님의 최후를 지킨 사람들 가운데 많은 여성들이 있었다는 사실을 잊지 않고 증언합니다. 이들은 예수님을 '따르던' 여인들, 즉 제자들이었습니다. 마가는 갈릴리에서부터 따르던 이름이 밝혀진 세 명의 여인 외에도, 예루살렘으로 함께 올라온 많은 여성 제자들이 있었다고 전합니다. 이들은 예수님을 버리고 도망간 남성 제자들과 극명하게 대조됩니다. 그리스도 예수 안에서는 남자도 여자도 없다는 바울의 선언(갈 3:28)이 십자가 아래에서 선취된 것처럼 보입니다.

"어찌하여 나를 버리셨나이까?"라는 예수님의 외침은 절망과 탄식의 외침으로 보기 쉽습니다. 하지만 이것은 결코 한탄하거나 원망하는 외침이 아닙니다.

"땅의 모든 끝이 여호와를 기억하고 돌아오며 모든 나라의 모든 족속이 주의 앞에 예배하리니 나라는 여호와의 것이요 여호와는 모든 나라의 주재심이로다."(시 22:27~28)

놀랍게도 "내 하나님이여 어찌 나를 버리셨나이까"라는 절규로 시작하는 시편 22편은 마지막에 모든 민족에게 미치는 구원을 선포하며 끝을 맺습니다. 시편의 첫 절을 인용했다는 사실은 이미 그 전체를 알고 있다는 뜻입니다. 그러니 예수님이 하나님께 자신을 버리신 목적을 물었을 때, 이미 그분의 머릿속에는 시편의 마지막 전망이 들어 있었던 것입니다.

결국 예수님은 절망 가운데 숨지신 것이 아닙니다. 말은 끝까지 들어야 하는 것처럼, 절망적으로 시작한 주님의 외침은 모든 민족에게로 펼쳐지는 하나님의 놀라운 구원 선포를 포함하고 있었기 때문입니다.

PART 60

비어 있지 않은 무덤

마가복음 15장 42~47절

예수님이 돌아가신 날은 금요일, 즉 안식일 전날이었습니다. 유대인들의 하루는 일몰과 함께 시작되니 이제 해가 지면 안식일이 됩니다. 예수님이 돌아가신 시간이 오후 3시니, 일몰까지는 채 몇 시간이 남지 않았습니다. 만일 그때까지 예수님의 시신을 수습하여 안장하지 못하면 시신은 하루를 넘겨 나무에 매달리게 됩니다. 그렇게 되면 다음의 율법 규정을 어기게 됩니다.

"사람이 만일 죽을 죄를 범하므로 네가 그를 죽여 나무 위에 달거든 그 시체를 나무 위에 밤새도록 두지 말고 그 날에 장사하여 네 하나님 여호와께서 네게 기업으로 주시는 땅을 더럽히지 말라 나무에 달린 자는 하나님께 저주를 받았음이니라."(신 21:22~23)

아리마대 요셉은 이 계명을 어기지 않기 위해 예수님의 시신을 서둘러 수습하려 했던 모양입니다. 그가 예수님께 매우 호의적이었다는 사실은 다른 복음서에서도 확인할 수 있습니다. 누가는 "그들(산헤드린)의 결의와 행사에 찬성하지 아니한 자"(눅 23:51)로 그를 소개하고, 마태와 요한은 아예 "예수의 제자"(마 27:57; 요 19:38)로 소개합니다. 이에 비해 마가는 "존경 받는 공회원이요 하나님의 나라를 기다리는 자"(막 15:43)로만 소개합니다. 이때 '공회원'이라는 직책이 예루살렘 산헤드린 공회의 회원을 가리키는지, 아니면 지방의회의 회원을 가리키는지 분명하지 않지만, 아마도 후자를 가리키는 것으로 추측됩니다.

비록 마가가 마태나 요한처럼 그를 예수님의 제자로 칭하지는 않았지만, 다른 복음서들이 언급하지 않는 '하나님의 나라'라는 말을 통해 요셉이 하나님 나라의 복음을 선포하셨던 예수님과 특별한 연결점이 있음을 암시합니다.

죽음을 지연시키고 고통을 극대화하는 십자가 처형은 게시와 본보기의 성격을 지녔기에 죄인들이 일찍 죽는 경우는 드물었습니다. 또 특별한 경우를 제외하고는 십자가의 죄수를 하루도 지나기 전에 내리는 경우도 거의 없었습니다. 따라서 예수님이 십자가에서 단 몇 시간 만에 숨을 거두신 일은 빌라도가 놀랄 정도로 이상한 일이었으며, 관청의 허가 없이는 장사를 지낼 수 없었기에 아리마대 요셉의 행동 역시 충분히 당돌한 행동이었습니다.

양심의 가책 때문이었는지, 믿음을 고백했던 백부장의 보고를 들은 빌라도는 순순히 요셉에게 예수님의 시신을 내줍니다. 관청의 허락을 받은 요셉은 날이 저물기 전 재빨리 세마포를 사서 십자가로 가 예수님의 시신을 내립니다. 구입한 세마포로 시신을 싼 후 무덤에 안치하고는 돌을 굴려 무덤 문에 둡니다. 이 모든 장례 과정은 "막달라 마리아와 요세의 어머니 마리아가 예수 둔 곳을 보더라"(15:47)라는 말로 마무리됩니다.

많은 성경은 이후에 일어난 예수님의 부활 이야기 단락에 '빈 무덤'이라는 소제목을 붙입니다. 예수님이 부활하신 후이니 당연히 무덤은 비어 있을 것이라고 생각했기 때문입니다. 하지만 예수님 당시의 무덤은 개인 무덤이 아니라 가족 무덤처럼 공동 무덤인 경우가 일반적이었습니다. 무덤 안에 시신을 안치하는 곳이 여러 곳 있었고, 시신이 완전히 부패하면 뼈들을 추려 따로 보관하고 그 자리에는 다른 시신을 안치하기도 했습니다.

따라서 예수님을 안장한 공동 무덤에는 이미 여러 구의 시신이 있었을 것입니다. 그럼에도 마가복음을 제외한 다른 복음서들은 어떻게든 '빈 무덤'을 강조하고자 합니다. 마태는 무덤 소유자를 요셉으로 밝히면서 "바위 속에 판 자기 새 무덤"(마 27:60)이라는 말로 이를 강조합니다. 누가와 요한 역시 "아직 사람을 장사한 일이 없는"(눅 23:53; 요 19:41)이라는 수식어를 통해 예수님을 안장한 무덤이 새 무덤이었음을 강조합니다. 그러니 마태와 누가와 요한에게는 부활하신 예수님의 무덤이 빈 무덤인 것이 확실합니다.

하지만 다른 복음서들과 다르게 마가복음은 공동 무덤의 상황을 전제합니다. 그래서 막달라 마리아와 요세의 어머니 마리아는 예수님 몸에 기름을 바르려고 다시 왔을 때 시신을 혼동하지 않기 위해 예수님을 어디에 두었는지 잘 봐두어야 했습니다. "예수 둔 곳을 보더라"(15:47)에서 명사 '둔 곳'으로 번역된 헬라어 원문은 의문사 ποῦ푸(where)와 함께 표현돼 있습니다. 직역하자면 여인들은 "그가 어디에 놓여 있는지" 주목하여 보았던 것입니다.

다른 복음서들이 '빈 무덤'을 강조한 이유는 예수님이 진짜 부활한 것이 아니라 제자들이 시신의 위치를 착각한 것이라는 적대자들의 공격을 사전에 차단하기 위해서일 수 있습니다. 하지만 마가는 여인들의 행동을 통해 오히려 예수님의 무덤이 비어 있지 않았다는 사실을 강조합니다. 그래서 마가의 이야기는 '건조한 리얼리즘'이라 부를 만큼 매우 사실적으로 들립니다.

마가는 예수님의 죽음과 부활을 전하는 데 있어 불필요한 신비나 기적의 요소를 제거하려는 것처럼 보입니다. 냉정하고 현실감 있게 복음의 사실을 바라보면서, 그것을 바탕으로 결단에 이르기를 바라는 듯합니다. 마가의 생각처럼, 어쩌면 그것이 참 믿음을 가능케 하는 유일한 조건일지 모릅니다.

PART 61

이상한 끝, 새로운 시작

마가복음 16장 1~8절

마가를 따라 함께 걸었던 예수님의 길을 이제 마칠 때가 되었습니다. 이 길을 시작하며 말했던 것처럼 원래 마가복음은 16장 8절에서 끝을 맺기 때문입니다. 마가복음 16장 9~20절은 후대에 다른 필사가들에 의해 창작되거나 보충된 부분이기에 여기서는 다루지 않는 편이 좋을 것입니다. 그래야만 마가복음이 전하고자 했던 예수님의 상을 오롯이, 뒤틀림 없이 올바르게 이해할 수 있기 때문입니다. 부활 이야기를 포함한 대단원의 마무리가 다른 복음서들에 비해 매우 짧지만, 마가는 그 짧은 마무리 속에 깊디깊은 의미를 꼭꼭 눌러 담았습니다.

앞선 장례 이야기와 마찬가지로 마가복음은 부활 이야기 역시 매우 현실적으로 묘사합니다. 마태복음처럼 하늘의 천사를 등장시키거나 천사가 돌을 굴려내는 천상의 드라마를 보여주지 않습니다(마 28:2). 그렇다고 누가복음처럼 신비한 인물들을 등장시키지도 않습니다. 찬란한 옷을 입은 두 사람을 보고 여자들이 두려워 얼굴을 땅에 대었다는 누가의 보도(눅 24:5)는 이들이 신적 형상을 지닌 인물임을 보여줍니다. 이와 달리 마가는 그저 흰 옷을 입은 청년이 앉아 있었다고만 전할 뿐입니다. 결정적으로 마가는 부활하신 예수님의 모습을 보여주지도 않고, 부활 뒤의 행적도 전하지 않습니다. 놀라고 무서워 아무 말도 전하지 못하는 여인들에 대한 보도로 이야기를 매듭지을 뿐입니다.

부활 이야기는 안식일 후 해가 돋자 예수님께 향유를 바르기 위해 무덤으로 간 세 여인과 함께 시작됩니다. 여인들은 무덤 안에서 흰 옷을 입은 청년을 발견하고 그에게서 충격적인 소식을 듣습니다. "너희가 십자가에 못 박히신 나사렛 예수를 찾는구나. 그가 살아나셨고 여기 계시지 아니하니라!"(16:6) 이 선언에는 매우 중요하고 심오한 신학적 주제가 담겨 있습니다.

하지만 이 주제를 살피기에 앞서 먼저 정정해야 할 번역상의 문제가 있습니다. 바로 '살아나셨다'라는 표현입니다. 예수님의 부활에 대해 대부분의 우리말 성경은 '살아나셨다'라는 표현을 사용합니다. 그러나 헬라어 원문에는 ἠγέρθη에게르테, 즉 '일으켜지셨다'라는 수동태로 표현되어 있습니다. 즉 예수님이 스스로 일어나신 능동의 부활이 아니라, 하나님이 예수님을 일으키시는 수동의 부활로 표현됩니다. 부활에 있어서는 언제나 하나님이 주체이심을 밝히기 위해 신약은 가끔 하나님을 주어로 표현하는데, 다음이 그 대표적인 예입니다.

"이 예수를 하나님이 살리신지라 우리가 다 이 일에 증인이로다."(행 2:32)

"주 예수를 다시 살리신 이가 예수와 함께 우리도 다시 살리사 너희와 함께 그 앞에 서게 하실 줄을 아노라."(고후 4:14)

예수님의 부활이 수동태로 표현되었다는 사실은 생각보다 중요합니다. 만일 우리말 능동태 번역처럼 예수님이 스스로 살아나신 것이라면 부활은 예수님이 하나님의 아들이기에 가능한, 다시 말해 우리와는 상관없는 신적 능력의 기적이 되고 맙니다. 하지만 예수님이 일으켜지신 것이라면, 다시 말해 하나님께서 일으키신 것이라면 이것은 나와 직결되는 문제입니다. 하나님께서 예수님을 일으키신 것처럼 나도 그렇게 일으키실 것이라는 희망의 본보기가 되기 때문입니다. 위의 고린도후서 4장 14절의 예는 예수님의 부활이 지니는 이러한 성격을 가장 잘 보여주는 본문이기도 합니다. 부활을 수동태로 이해할 때 예수님의 부활은 우리를 위한 부활이 됩니다.

이와 더불어 마가의 부활 선포에서 중요한 요소는 '십자가에 못 박히신 분(ὁ ἐσταυρωμένος호 에스타우로메노스)'이라는 표현입니다. 부활하신 예수님을 지칭하면서 청년은 "십자가에 못 박히셨던 예수"라고 말하지 않고 "십자가에 못 박히신 예수"라고 말합니다.

이것은 매우 이상한 표현입니다. 얼마 전에 못 박히셨으나 지금은 십자가에서 내려져 부활하신 예수님을 여전히 십자가에 못 박혀 계신 그리스도로 선언하고 있으니 말입니다. 헬라어 원문에도 이 표현은 현재도 여전히 그런 상태임을 뜻하는 현재완료형으로 되어 있습니다. 부활하신 예수님을 선포하면서 마가는 '십자가에 못 박히신 분'으로 표현합니다. 이야기의 서사에 맞지 않는 이 표현은 명백하게 신학적인 표현입니다. 그런데 놀랍게도 신약성경에서 마가와 똑같은 표현을 한 사람이 있는데, 바로 사도 바울입니다.

"우리는 십자가에 못 박힌 그리스도를 전하니 유대인에게는 거리끼는 것이요 이방인에게는 미련한 것이로되."(고전 1:23)

"내가 너희 중에서 예수 그리스도와 그가 십자가에 못 박히신 것 외에는 아무 것도 알지 아니하기로 작정하였음이라."(고전 2:2)

"어리석도다 갈라디아 사람들아 예수 그리스도께서 십자가에 못 박히신 것이 너희 눈 앞에 밝히 보이거늘 누가 너희를 꾀더냐."(갈 3:1)

바울은 십자가에 달린 그리스도에게서 모든 속성을 뛰어넘어 인간을 그 자체로 받아들이시는 하나님의 은혜를 발견했습니다. 십자가에 달린 그리스도를 통하여, 하나님의 저주를 받은 자가 동시에 하나님의 아들이라는 역설이 모든 인간의 속성을 파괴함을 발견한 것입니다. 따라서 그에게 그리스도는 언제나 '십자가에 못 박히신 분'일 수밖에 없습니다. 바로 이 고백과 선포를 마가는 자신의 복음서 안으로 끌어들인 것입니다. 사도 바울이 차별 없이 임하는 하나님의 은혜를 신학적으로 설명했다면, 마가는 이 신학을 예수님에 관한 이야기로 풀어냈습니다.

청년은 부활하신 예수님의 다음 행보도 함께 전합니다. "예수께서 너희보다 먼저 갈릴리로 가시나니."(16:7) 음악 기호로 말하자면 다 카포(Da capo), 즉 처음으로 돌아가라는 지시입니다. 이제 마가복음은 다시 처음으로 돌아갑니다. 예수님은 갈릴리로 가셔서 당신의 사역을 처음부터 다시 시작하십니다. 청년은 거기서 예수님을 보게 되리라는 소식을 전하라고 당부하지만, 몹시 놀란 여자들은 무덤에서 도망하고 아무에게도 말하지 못합니다. 그리고 복음서는 끝이 납니다.

해피 엔딩도 아니고 끝난 것 같지도 않는 이 이상한 맺음의 의미는 무엇일까요? 마가복음의 저자는 이 이상한 끝맺음으로 지금까지 자신의 이야기를 읽어온 독자에게 말을 걸고 있습니다. "두려움에 빠진 여인들이 아무 소식도 전하지 못하는 지금, 소식을 전할 이는 바로 당신뿐이다. 그러니 이제 당신은 어떻게 할 것인가?"라고 말입니다.

이천 년 전 마가복음을 처음 읽은 독자들과 21세기를 사는 지금의 우리는 부활의 메시지 앞에 똑같은 처지로 서 있습니다. 마가는 이 이상한 끝맺음을 통해 우리를 새로운 시작으로 초대합니다. 예수님이 먼저 가신 갈릴리로 우리도 속히 가라고 초대합니다. 바로 거기서 주님을 뵐 것이라면서.

마가가 만난 이상한 예수님

리더가 알아야 하는 마가복음

초판 1쇄 2025년 8월 5일

지은이 · **이진경**

발행인 · **김정석**
편집인 · **김정수**
발행처 · **도서출판kmc**
서울특별시 종로구 세종대로 149 감리회관
(재)기독교대한감리회 도서출판kmc
전화 02-399-2008 팩스 02-399-2085
www.kmcpress.co.kr
디자인·인쇄 · **코람데오**

ISBN 978-89-8430-133-7 03230

· 값은 뒤표지에 있습니다.
· 파본은 구입처에서 교환해 드립니다.